Jesus Urlauber (Bauchi)

Das schwarze Buch zur effektiven Abwehr von Energie Vampirismus

Lektorat:
Wolfgang Wunderzucker – www.wunderzucker.at
Elsa
Coverdesign: Bauchi
ISBN: 9783738647365
Herstellung und Verlag: BoD – Books on Demand, Norderstedt
© 2021

Inhalt

Einleitung 3
Kapitel 1: Der Virus **9**
Kapitel 2: Die eVamps **14**
Kapitel 3: Die Opfer **21**
Kapitel 4: Immunität **24**
Kapitel 5: Regeneration **29**
Kapitel 6: Die eVirus-Pandemie **47**
Kapitel 7: Ismen **59**
Kapitel 8: Die Menschheitsfamilie **63**
Kapitel 9: Wa(h)re Autorität **69**
Kapitel 10: Angst, Verzweiflung und Mut **75**
Kapitel 11: Der Tod **83**
Kapitel 12: Energetische Kompatibilität **98**
Kapitel 13: Zusätzliche Inspirationen **102**
Anfang **111**

Einleitung

Dezember 2020. Ein Jahr geht zu Ende, das allen von uns noch lange in Erinnerung bleiben wird. Ein Jahr, in dem ein Virus das Leben auf der Erde verändert hat wie kaum irgendetwas zuvor. Weltweit gibt es kaum jemanden, der von dem Thema unberührt blieb, auch ohne eine gesundheitliche Betroffenheit vom Virus. Denn viele hat es ihre Arbeit gekostet, ganze Branchen sind in den Konkurs gegangen und in den meisten Ländern wurden Grundrechte massiv eingeschränkt. Nur um zu verhindern, dass wir alle sterben. Eine ganze Menge Nerven hat uns alle dieses Jahr gekostet und es ist bisher kein Ende der Dinge in Sicht.

Auf der anderen Seite gibt es die, die einen Nutzen aus all diesen Geschehnissen ziehen, die sich dumm und dämlich verdienen und ihre Macht über andere weiter ausgebaut haben. Kein Tag ist seit Auftreten der Corona-Pandemie vergangen, an dem sie in den Medien nicht das unangefochtene Hauptthema gewesen wäre.

Doch ein anderes Virus bereitet uns ein wesentlich größeres Übel, welches schon wesentlich länger grassiert und über das in den Medien überhaupt nicht gesprochen wird. Das hat seine Gründe. Denn würden die Medien das erzählen, was ich in diesem Buch zusammentrage, könnten wir uns gegen dieses Virus immunisieren. Eine Impfung dagegen wird es nie geben, zum einen, weil die Forschung in diese Richtung nicht finanziert wird, zum anderen, weil eine Spritze nicht gegen das helfen kann, wovon ich spreche:

Dem **E**nergie-**V**amp**ir**ism**us**, kurz: E-Virus.

Das Problem, unter dem wir seit der Einführung auf Gehorsam basierender Herrschaftssysteme leiden, ist, dass es durch diesen Gehorsam möglich ist, dass Menschen auf Kosten anderer leben können. Dadurch ist ein massives Ungleichgewicht entstanden, das Schuld, Armut, Hunger, Kriege und Nöte aller Art hervorgebracht hat.

Fast hätte ich gerade geschrieben, dass diese Herrschaftssysteme menschengeschaffen sind, aber ich sollte gleich an dieser Stelle anfangen, zu differenzieren, denn in diesem Buch wird es um zwei Arten von Menschen gehen: die Energie-Vampire und ihre Opfer. Und natürlich haben sich nicht die Opfer diese Systeme einfallen lassen, sondern eben die Energie-Vampire, die ich ab hier der Einfachheit halber einfach „eVamps" nenne.

Diese eVamps zeichnen sich vor allem durch eine Eigenschaft aus: Sie haben keinen Sinn, kein Interesse für irgendetwas, außer sich selbst. Sie sind völlig frei von Empathie, haben keinerlei Mitgefühl und tragen keine Liebe in sich. Nicht einmal für sich selbst und das ist gleich schon das Kernproblem.

Liebe ist der Grundstock, die Basis allen Lebens. Da sie diese Basis nicht haben, weil sie das Empfinden der Liebesenergie, die eben auch Lebensenergie ist, nicht in sich selbst generieren können, müssen sie sich diese von anderen holen. Also saugen sie ihre Opfer energetisch bis zum letzten Tropfen aus, oder zumindest fast. Kurz vor dem Ende geben sie dem Opfer ein wenig Raum, sich etwas zu erholen, bis sie wieder saugen. Und das tun sie, bis man umfällt, oder: Sich ihnen entzieht.

Doch wie man das macht, weiß kaum ein Opfer, denn die eVamps tun alles dafür, dass diese Informationen niemals bekannt werden. Aus genau diesem Grund haben sie diese Systeme geschaffen, die wie Spielräume für Spiele sind. Deren Regeln stammen von eVamps und die Opfer nehmen diese Regeln über ihren Gehorsam an und spielen nach ihnen. Dabei laufen diese Spiele und ihre Regeln immer nach bestimmten Schemata ab. Wenn man diese Schemata einmal erkennt, wird es leichter, die Spiele zu durchschauen und sich eben durch Ungehorsam dagegen zu immunisieren. *Man spielt sie dann nicht mehr mit.*

Es ist nicht einfach, das alles in ein Buch zu packen, aber ich gebe mein Bestes. Wer wirklich will, der wird schnell verstehen, wovon ich spreche. Vielleicht gibt es irgendwann einmal einen Film zu dem Thema, der das alles in 90 Minuten Spielzeit glasklar macht, aber im Dezember 2020 sind wir noch nicht so weit.

Bevor ich tiefer auf alles eingehe, möchte ich noch ganz grundsätzlich sagen, dass ich glaube, dass die Geschöpfe, die wir heute mit Bram Stoker und Dracula in Verbindung bringen, mit ihren Fangzähnen und übermenschlichen Kräften, empfindlich gegen Kreuze, Knoblauch und Holzpfähle, tatsächlich von real lebenden Leuten inspirierte Figuren sind. Beziehungsweise von Leuten, die damals gelebt haben. Stoker soll sich an einen gewissen Vlad III. Draculea gehalten haben, der nicht nur ein echtes Ekelpaket gewesen sein, sondern sich seinen Namen als „der Pfähler" gemacht haben soll. Da er Menschen nicht nur wie Vieh abgeschlachtet hat, vielmehr hat er sie nach ihrem (durch ihn herbeigeführtes) Ableben auch noch gruselerregend drapiert und zur Schau gestellt.

Ich denke sogar, dass wir vieles von dem, was wir heute über Vampire wissen, Stokers Frau Florence Balcombe zu verdanken haben, die maßgeblich an Stokers Werken beteiligt war. Ich glaube, dass sie uns „durch die Blume" von Wesen erzählen wollte, die eben genau so sind wie Vampire, wissend, dass ein normaler Mensch nicht in der Lage sei, sich vorzustellen, wie abgrundtief böse andere Menschen sein können. Vor allem andere, die sich bereits in Autoritäten verwandelt hatten und schick gekleidet als „etwas Besseres" in der Bevölkerung hohes Ansehen erlangten. Zu ihren Zeiten war es völlig normal, dass Lehnsherren sich Frauen und Kinder ihrer leibeigenen Bevölkerung nahmen, um mit ihnen zu machen, was sie wollten. Und ihr Verschleiß dabei war regelrecht erstaunenswert.

Ich glaube nicht, dass Vampire existieren, wie wir sie aus Filmen kennen. Aber ich glaube, dass diese Vampire überdramatisiert Menschen darstellen, die anderen Menschen massiv schaden, teilweise wirklich bis zum Tod. Ich bin der Überzeugung, vor genau solchen Menschen, sollten wir gewarnt werden und über sie aufgeklärt sein. Keine Sorge, ich werde in diesem Buch nicht dazu raten, irgendwen zu pfählen und Kreuze im Fenster halte ich auch nicht für sinnvoll. Aber ich denke, dass wir eine verschlüsselte Botschaft geschickt bekommen haben und diese versuche ich, meinem Glauben gemäß, zu entschlüsseln. Ein Hauptschlüssel, auf dem ich immer wieder herumreiten werde, ist der Gehorsam!

Ein anderes Wort für „horchen" ist „hören" und ein anderes Wort für „gehorchen" ist „gehören". Es ist wichtig das zu jeder Zeit im Auge zu behalten. Denn der, dem ich gehorche, dem gehöre ich. Ob ich das will oder nicht, ob mir das bewusst ist oder nicht, spielt dabei nicht die geringste Rolle.

Der geneigte Leser möge bitte auch nie aus den Augen verlieren, dass ein direkter Zusammenhang zwischen Gehorsam und Unglück[1] besteht, und dieser Zusammenhang wird den roten Faden der vorliegenden Lektüre darstellen. Wer nicht glücklich ist, der ist es zu 100% deswegen nicht, weil er nicht sein eigenes Leben lebt, sondern das irgendeines anderen[2]. Diesen Zustand zu ändern ist Sinn und Absicht dieses Buches. Dabei kann das Buch nur die Wegbeschreibung liefern. Den Weg *selbst* zu gehen bleibt leider niemandem erspart.

---

[1] Im Sinn von „nicht glücklich sein"
[2] Oder gleich mehrerer Anderer

Kapitel 1: Der eVirus

Bevor wir näher ins Detail gehen, sollten wir uns den Energie-Vampirismus selbst einmal genauer ansehen:

Der eVirus diktiert und greift in unser Privatleben, das Geschäftsleben und das politisch-gesellschaftliche Leben. Er ist überall zu finden und an Ungerechtigkeit zu erkennen. Überall da, wo etwas ungerecht ist, ist das Leben vom eVirus infiziert!

Es spielt keine Rolle, von was für einem System wir sprechen: Ehe, Religion, Politik, Arbeitshierarchien. Es sind vor allem unterm Strich *Zweck*beziehungen. Das alles sind von eVamps erfundene und eingeführte Spielräume, in denen wir uns bewegen. Alle davon haben nach bestimmten Mustern zu funktionieren, und jeder, der darin mitspielt, auch. Glaubst du nicht? Mach mal etwas anderes, als du sollst, dann siehst du es schnell: Wer sich nicht „normal" verhält, sprich den „Normen" und Spielregeln entsprechend, bekommt Stress irgendeiner Art und Weise.

Die Spielregeln stehen leider selten in Broschüren oder so, vielmehr ist es so, dass wir in unserem Leben kaum anderes kennen lernen, als die entsprechenden Spielregeln der Spielräume, in denen wir uns bewegen. Und sich anderswo aufzuhalten ist quasi unerwünscht.

Wer sich außerhalb des Rasters bewegt, ist raus aus der Gesellschaft.

Von Kindesbeinen an lernen wir uns so zu bewegen, wie „man" es tut: Schon im Kindergarten werden wir daran gewöhnt, fremden Autoritäten zu gehorchen. In der Schule geht es dann genauso weiter und so geht es weiter bis zum Rentenalter, sofern man es denn erreicht und nicht in einem Altersheim landet, sonst geht es bis zum Tode: Du gehorchst, oder du bekommst Stress!
In der Schule bekommst du den durch schlechte Noten, und wer schlechte Noten hat, der wird später kaum einen gut bezahlten Job bekommen. Wer das dann versucht, auf andere Weise zu kompensieren, wird kriminalisiert und wandert in den Knast.

All das dient dazu, dich *unten* zu halten, vor allem *energetisch unten* zu halten, auf einem niedrigen Schwingungslevel. Alle Energie, die du aufbringst, fließt über die Wege des Gehorsams an die eVamps, die „Mächtigen". Wenn du viel gehorchst[3], kannst du es nach oben schaffen. Aber eben nicht, ohne dabei einer von ihnen zu werden, einer von den eVamps, die auf Kosten anderer leben. Du kannst nicht nach oben kommen, ohne dabei wieder auf den Gehorsam anderer unter dir angewiesen zu sein. Hierarchien sind nicht von Grund auf etwas Schlechtes, aber alle

---

[3] Oder du schon von Natur aus auch einfach skrupellos bist.

Spielräume des eVirus sind hierarchisch strukturiert. In all diesen Hierarchien werden Menschen in verschiedenen Werten gemessen. Und das ist der Trick an der ganzen Sache. Der Selbstwert geht dabei so gut wie jedem völlig verloren. Jeder sollte in der Lage sein, sich als genauso wichtig zu empfinden, wie jeden anderen. Wer das nicht kann, der ist infiziert! In unserer Welt ist es völlig normal, zu irgendwem auf- oder herabzusehen. Das ist nicht nur völlig unnatürlich, sondern abartig fatal. Dadurch entsteht der Eindruck einer Menschheit, die kontrolliert gehört. Geschickt eingefädelt, oder? Erwähnte ich, dass eVamps extrem intelligent sind? Extrem intelligent und dennoch gefangen in den Grenzen ihrer selbst auferlegten Denkmuster. Und das ist unser Glück, denn: An die brauchen wir uns keineswegs zu halten.

Wir können anders denken, weil wir anders fühlen können, und wenn wir uns erlauben das auch zu tun[4], dann sprengen wir die Rahmen ihrer Strukturen und lassen sie den Bach runtergehen. Dadurch entsteht Raum für das, was sie uns auf keinen Fall geben wollen: Freiheit! Und zwar vor allem Freiheit von ihnen, Freiheit von ihren vorgegebenen Denkweisen, Freiheit von dummen Erwartungshaltungen, von Gehorsam, Gram, Hass, Gier, Neid, Trägheit[5], und so weiter.

---

[4] So, dass wir uns wieder **wohlfühlen.**
[5] Im Sinne von Motivationslosigkeit.

Sie lassen es jederzeit so aussehen, als seien wir abhängig von ihnen, doch das Gegenteil ist der Fall. Wir kommen sehr gut auch ohne sie aus, nein, genau genommen sogar wesentlich besser, aber sie eben nicht ohne uns. Energievampirismus bedeutet, anderen ihre Energie zu stehlen. Wir sind für sie wie ein Futter, das sie sich halten, um sich an unserer Energie zu laben und uns nach Belieben auszusaugen. Und das eben in allen nur erdenklichen Ebenen des gesellschaftlichen Zusammenlebens: privat, geschäftlich, politisch. Überall wo wir gehorchen, sind wir infiziert, und ebenso überall da, wo wir selbst genötigt sind, von anderen Gehorsam zu verlangen.

Das ist das Problem an der Sache: Wir können Energie zwar aus uns selbst heraus generieren, wenn wir aber durch Gehorsam ständig leergesaugt werden und es dann sind, benehmen wir uns wie wir es vorgelebt bekommen, um anderen ihre Energie zu rauben. Schließlich brauchen wir Energie um leben zu können. Und wir reden hier von Lebensenergie, nicht von Elektrizität oder irgendetwas, das in Kalorien messbar wäre. Kurzum: So lange wir in einem System leben, das vom eVirus infiziert ist, sind wir es selbst auch.

Nochmal:
Diese Systeme bauen auf Gehorsam auf und nur durch ihn werden sie aufrechterhalten. Und in solchen Systemen sind wir nicht in der Lage, eigenständig zu

leben. Wir sind nicht in der Lage, eigenständig zu leben, wenn wir leben wie wir es sollen und es gesagt bekommen.

Was bei der ganzen Sache überhaupt nicht weiterhilft, ist mit den Fingern auf andere zu zeigen und Schuldige zu suchen. Die Schuldfrage bezieht sich hier auf alle, die mitspielen. Lernen wir die Verantwortlichen kennen, die eVamps und ihre Opfer!

Kapitel 2: Die eVamps

Es sind Menschen ohne Gewissen, ohne Schuldgefühl oder Scham und vor allem ohne Skrupel. Sie gehen über Leichen um ihre Ziele zu erreichen und sind vor allem eins: Absolut rücksichtslos.

Es sind die Sadisten, die sich am Leid anderer ergötzen, und das am meisten, wenn sie ihnen dieses Leid selbst zufügen können.
Es sind die Narzissten, die sich selbst für den Nabel der Welt halten und glauben, alles ginge nur um sie.
Es sind die Mächtigen, die sich nur wertvoll fühlen können, wenn sie Kontrolle über andere haben.
Es gibt sie in männlich und in weiblich, in jung und in alt, in dick und in dünn, in reich und leider auch in arm. Sie sind vergrämt, verbittert und ohne Mitgefühl.

Sie wissen sich entweder im Schatten zu halten oder im Rampenlicht zu bewegen, aber ihre Verhaltensschemata sind immer die gleichen:
Sie geben sich freundlich und liebevoll, können diese Eigenschaften aber nur imitieren. Lernt man sie kennen, ist man geneigt, sie zu bewundern und gar zu vergöttern. Man fühlt sich gesegnet, sie kennen zu lernen, denn das ist das Gefühl, das sie einem zu vermitteln wissen. Und das machen sie genau so lange, bis sie zwei Punkte gesichert haben:

Zum Ersten machen sie sich unentbehrlich, sind hilfreich und meist guter Laune, bauen dich auf, sind für dich da, geben dir das Gefühl eine Bereicherung für dein Leben zu sein. Zum Zweiten finden sie einen Schwachpunkt und an dem setzen sie sich fest. Über diesen Schwachpunkt fangen sie an, dich an sie zu binden und dann erst fangen sie an, dich auszusaugen.

Ein Beispiel:
Eine Frau lernt einen Mann kennen. Er ist zauberhaft und sie ist im siebten Himmel. Er ist achtsam, kauft ihr Blumen, ist Gentleman, schenkt ihr Gehör und Aufmerksamkeit[6], ist zuvorkommend und liebevoll.[7] Das Einzige, was ihm im Kopf bleibt, ist, dass sie sich schlecht fühlt, weil sie sich von ihrem Ex getrennt hat, weil sie denkt, ihn im Stich gelassen zu haben[8].

Ab hier wird er nachlässiger, bekommt öfter schlechte Laune, die er geschickt auf sie zu schieben weiß, weil sie irgendwas gemacht oder auch nicht gemacht hat. Er gibt dann vor darunter zu leiden. Natürlich leidet sie darunter, nicht er. Ab hier wird er bei jedem Streit, der zwangsläufig folgt, auf diesem Schwachpunkt herumreiten. Er wird sie davon abhalten, ihn zu verlassen,

---

[6] Achtung! Das ist nur geheuchelt, alles was sie sagt, geht bei ihm zum einen Ohr rein und zum anderen wieder raus!
[7] Erste Anzeichen: Trotzdem geht es, wenn er den Mund aufmacht, immer nur um ihn!
[8] Hier sind wir schon bei Punkt Zwei.

indem er ihr schlechtes Gewissen untermauert und ihr vermittelt, dass sie ihn im Stich lassen würde, wenn sie gehen würde. Natürlich kann sie das dann nicht einfach und das Drama nimmt seinen Lauf.

*Immer heftiger werden die Streits, denn so zieht er ihre Aufmerksamkeit auf sich, und **nur** sich. Genau so fließt ihre Energie zu ihm. Denn Energie folgt unserem Fokus, sie fließt dahin, worauf wir unsere Aufmerksamkeit richten. Eifersucht kommt ins Spiel, ein Kontrollwahn ist quasi obligatorisch, und beim kleinsten Fehler macht er sie fertig. So kann er sich sicher sein, dass sie den ganzen Tag keine einzige Sekunde **nicht** an ihn denken kann! Nach jedem Streit gibt es tollen Sex und es wird geschworen, dass er ohne sie nicht leben kann[9]. Während sie sich in den Schlaf weint und meint, ihn auch zu lieben[10]. Nach jedem Streit lässt er ihr ein wenig Raum zum Atmen, ist wieder kurz lieb und zuvorkommend, bis sie wieder lachen kann. Dann macht er wieder irgendetwas völlig rücksichts- und verständnisloses, gerät in Schwierigkeiten und macht dann wieder sie dafür verantwortlich. So lebt es sich als*

---

[9] Was bedingt stimmt, er weiß, dass er sich ein neues Opfer suchen muss, wenn sie geht. Das erfordert erneute Wochen bis Monate netten Verhaltens, das ihn aber Energie kostet. Darauf hat er also keine Lust.

[10] Was ein Trugschluss ist. Sie bleibt aus Selbstliebe, perverser Weise, weil sie ja dieses Problem mit dem schlechten Gewissen hat und sich diese Trennung nicht auch noch vorwerfen müssen möchte.

eVamp ziemlich gediegen, so kann es von ihm aus für immer weiter gehen.

Ein weiteres sehr wesentliches Merkmal von eVamps ist die absolute Unfähigkeit Eigenverantwortung zu übernehmen. Egal, was in ihren Leben passiert, ständig haben andere daran Schuld. Sie sind Meister darin, dafür zu sorgen, dass andere sich auch schuldig dafür fühlen. Im Notfall einfach dafür, sich nicht so verhalten zu haben, wie sie es wollten. Da sie einfach nicht zufriedenzustellen sind, haben sie auch ständig an anderen etwas auszusetzen. Vor allem sind Opfer, die sich von ihnen befreien konnten, das Allerletzte. Egal wem sie begegnen, sie können es sich nicht schenken, über sie zu reden. Vor allem bei den Freunden der Opfer. Was nicht zuletzt auch damit zu tun hat, dass sie davon ausgehen, dass die Freunde danach den Opfern davon erzählen. Das wiederum bedeutet, dass sie wieder die volle Aufmerksamkeit der Opfer haben. Solange die Opfer nämlich über das Gesagte nicht einfach lachen können, und sich stattdessen schlecht fühlen, fließt sämtliche Energie wieder zu den eVamps. Und den Opfern wird es leidlich schwerfallen, darüber zu lachen, denn den Freunden haben wurde nicht erzählt, was die eVamps getan haben. Vielmehr haben sie zwar ihre eigenen Missetaten aufgezählt, allerdings so, als hätten die Opfer sie begangen. EVamps sind sehr gut darin, sich selbst immer als Butterblümchen zu verkaufen. Und wenn die Freundin des Opfers nicht höllisch aufpasst, ist sie gleich das nächste Opfer.

Ein Satz, dessen Sinn eVamps überhaupt nicht verstehen, ist: „Es tut mir leid!". Für sie ist dieser Satz so etwas wie ein Freifahrtschein[11]. Nach dem Motto „Ich habe mich entschuldigt, also musst du meine Entschuldigung annehmen und mich wieder lieb haben, sonst bist Du ein schlechter Mensch!". Sie sind nicht in der Lage, Fehler einzusehen, demnach überhaupt nicht in der Lage, Reue zu empfinden. Ihnen tut überhaupt nichts leid, weil sie das überhaupt nicht empfinden können. Eine Entschuldigung ist für sie eine Forderung, kein Angebot. Weil ihnen nämlich etwas weiteres absolut unbekannt ist: Demut.

Sie kennen das Wort, aber nicht dessen Bedeutung. Sie wissen nicht, wie es ist, vor etwas zu stehen und davor ganz klein zu wirken, dabei aber die Dankbarkeit zu empfinden, mit allem verbunden zu sein. Demut ist etwas, das sie fordern und damit wird das ganze zur Demütigung. Demut kann man genauso wenig fordern, wie etwas anderes, das sie nicht kennen: Respekt.

Respekt muss man sich verdienen, heißt es. Das ist eVamp-Sprache! Dass man Respekt in sich generieren

---

[11] Dieser Satz wird von eVamps genutzt, wenn sie merken, dass sie mit ihren üblichen Manipulationstechniken nicht weiter kommen. Das Ass, falls das Opfer sich sonst lösen könnte.

kann, wie alle anderen Empfindungen, ist ihnen fremd. Wer Respekt in sich trägt, empfindet ihn, egal wem er gegenübersteht und das verhilft uns zu noch etwas, das sie einfach nicht kennen oder begreifen können: Augenhöhe!

Das einzige Gefühl, das eVamps aus sich selbst heraus kennen, ist die Abwesenheit von Liebe. Und das ist Angst! Die größte Angst haben sie vor der Augenhöhe, denn auf Augenhöhe sind all ihre so fein ersonnenen Spiele nicht spielbar. Wie gesagt basieren alle ihre Spiele auf Gehorsam. Gehorsam in der Form, wie sie ihn kennen, nämlich gefordert, braucht ihre hierarchischen Strukturen. Und so haben sie fleißig daran gearbeitet, ein anderes Wort für Augenhöhe zu verteufeln und allen madig zu machen: Anarchie.

Sie haben uns die Anarchie als alles Mögliche verkauft, vor allem als Chaos, das keiner erleben will, damit keiner auf die dumme Idee kommt, in Anarchie leben zu wollen, statt in Hierarchie. Und wir haben es uns so verkaufen lassen[12].
Also bitte nicht vergessen, dass wir da auch dran beteiligt sind! Man muss eben aufpassen, was man sich verkaufen lässt. Nochmal fürs Protokoll: Anarchie ist Augenhöhe, das Gegenteil von Hierarchie!

---

[12] Die Augenhöhe macht es möglich, nicht mit dem Finger auf andere zu zeigen und dabei zu vergessen, dass immer drei Finger auf uns selbst zurückzeigen.

Wer möchte, kann sich das Beispiel gerne noch einmal durchlesen und das Schema auf Chefs oder Politiker übertragen. Dann wird aus der Frau einfach ein Angestellter oder eben das Volk.

Dabei ist bitte zu beachten, dass bei weitem nicht jeder Chef ein eVamp ist, genauso wenig wie jeder Politiker einer wäre. Doch da, wo man eine Machtbesessenheit erahnen kann, ist auch meist eine zu finden. Ich denke, jeder von uns kennt den einen oder anderen, den er jetzt mit ganz anderen Augen sieht.

Wie viele Versprechen wurden von Politikern gemacht, die nicht gehalten wurden und wie oft haben Chefs uns hingehalten? Wie oft waren nicht Männer, sondern Frauen die, die gezielt wussten, unsere Aufmerksamkeit auf sich zu ziehen, und sich dann im Glanz ihres eigenen Lichtes[13] gesonnt haben und keinen Funken davon zurückgegeben haben? Sagte ich schon, dass die Welt mit einem ganz anderen Virus als Corona zu tun hat? Sagte ich schon, dass die ganze Welt infiziert ist? Das ist eine Pandemie, über die wir reden sollten!

Berührt dich der Anblick eines leidenden Wesens im Inneren? Dann gehörst du wahrscheinlich zu den nächsten im Bunde: den Opfern.

---

[13] Also eigentlich unseres Lichtes.

Kapitel 3: Die Opfer

Sie sind durch die Bank weg „gute Menschen": Die Opfer. Leider zu gut, zu gutgläubig, zu gutwillig, zu gut für diese Welt des Fressens-und-gefressen-Werdens.
Sie haben einen ausgeprägten Sinn für Harmonie und tun was sie nur können, um alle um sich herum glücklich zu sehen. Man kann sie erniedrigen, schlagen, demütigen und den letzten Funken Energie aus ihnen herauspressen. Landen sie auf dem Boden vor einem Gänseblümchen oder einem Katzenfoto, blüht ihr Herz gleich wieder auf. Dann stellen sie sich wieder hin, rücken ihr Krönchen gerade und lassen sich wieder fertigmachen. Es scheint fast, als würden die eVamps ihre wertvolle Zeit mehr zu schätzen wissen, als sie selbst, die sie wie Perlen vor die Säue werfen.

Sie haben kein Selbstwertgefühl und fühlen sich schwach, unfähig ihre innere Stärke zu erkennen. Sie lassen sich von anderen beherrschen und dirigieren, sagen „Ja" und „Amen" zu den Dingen, die sie erleben, und wissen nicht, dass das Leben so anders aussehen könnte. Sie haben den Glauben anderer Menschen übernommen: Ohne fremde Kontrolle hoffnungslos verloren zu sein.

Und so suchen sie nach jemandem, der sie „vervollständigt", ihre Defizite kompensieren kann, ihnen hilft, im Leben voran zu kommen und endlich glücklich zu sein. Sie sind in hohem Maß abhängig von anderen. Ständig auf der Suche nach Bestätigung im Außen, müssen sie von anderen hören, dass sie nicht einfach nur nutzlos, sondern etwas wert sind. Sie sind oft depressiv. Zumindest glauben sie das alles von sich. Weil sie es nicht anders kennen gelernt haben und unter dem Einfluss des eVirus herangewachsen sind und erzogen wurden. Sie haben den falschen Stimmen Glauben geschenkt, die ihnen ein solch miserables Bild von sich selbst vermittelt haben.

Sie ertragen Schläge, Schimpfe, Spott und Hohn, und lernen das als Liebe kennen. Weil sie selbst liebende Wesen sind, die Liebe in sich tragen, aber von Leuten umgeben waren, die infiziert waren und ihnen das Gefühl von Liebe nicht vermitteln konnten. Wenn sie das lang genug vorgelebt bekommen haben, verhalten sie sich genauso. Falls sie jemandem begegnen, der sie wirklich liebt, weisen sie ihn ab, weil es sich komisch für sie anfühlt. Jemand, der sie nicht von oben herab behandelt, kann es kaum ernst mit ihnen meinen, der ist komisch, mit dem stimmt irgendetwas nicht.

Auch das ist eine sehr kranke Form von Gehorsam. Sehr krank, weil sie das Selbstbild sehr verzerrt. Natürlich liste ich hier gerade Extreme auf. Nicht auf jedes Opfer trifft zu 100% alles davon zu. Aber es reicht, sich in dem einen oder anderen wiederzufinden, um sich ernsthaft Gedanken zu machen. Wer ein erfülltes Leben lebt,

wird sich in nichts davon wiederfinden. An einen solchen Punkt kann man gelangen, wenn man sich darüber bewusst wird, dass wir hier mit Manipulation zu tun haben. Und selig ist, wer weiß, dass Manipulation nur da funktioniert, wo der Manipulierte sich der Manipulation nicht bewusst ist.
Genau genommen kann man nicht „nicht manipulieren". Alles was man sagt oder tut, hat eine Auswirkung auf alle, die es mitbekommen. Das passiert ganz beiläufig, meist völlig unbewusst, aber oft genug doch sehr bewusst, und ohne, dass die anderen es mitbekommen.

Die wirkliche Schwachstelle der Opfer ist ihr Geist. Ist der erst einmal mit den entsprechenden Gedanken infiziert, kann man mit ihm machen was man will. Und einen Menschen damit in den Wahnsinn treiben.
Das Gute daran, dass unser Geist so manipulierbar ist, ist, dass wir ihn ganz bewusst eben auch selbst manipulieren können. Genau **das** haben aber die meisten Opfer einfach noch nicht mitbekommen und gelernt. Das ist allerdings ein Defizit, das sich beheben lässt. Hoffnungslose Fälle gibt es tatsächlich nicht. Sehr hartnäckige, ja, aber keine hoffnungslosen. Wer wirklich will, kann jederzeit anfangen, umzudenken. Und tatsächlich ist das in unserer Gesellschaft in diesen Tagen etwas, das sehr viele Menschen tun, die beginnen, langsam, Schritt für Schritt, ihr eigenes Leben zu leben und sich so gegen den eVirus zu immunisieren.

Kapitel 4: Immunität

Das Jahr 2020:
Wir sollen zum Wohle unserer Mitmenschen die C-Regeln einhalten. Und uns demnächst auch noch impfen lassen, ohne zu wissen, ob das überhaupt hilft!
Der zur Verfügung gestellte Impfstoff soll in unsere DNA eingreifen, dann sind wir nicht nur gehirn-, sondern auch noch genetisch manipuliert! Tolle Idee!
Warum sollten wir nicht zum Wohle unserer Mitmenschen keine Steuern mehr bezahlen, durch die Kriege finanziert werden und eine Wirtschaft aufrechterhalten wird, die zusammen weltweit über 100.000 Tote täglich durch Hunger und Kugeln produziert?
Warum sollten wir nicht zum Wohle unserer Mitmenschen unsere Regierenden ignorieren, die dieses Geschäft tagtäglich ausüben? Die uns täglich ins Gesicht lügen, um genau das tun zu können!

Das ist ein Beispiel für Gedanken, die einem kommen, wenn man das Haupt-Manipulationswerkzeug der eVamps nicht mehr konsumiert: die Mainstream-Medien. Es dauert nicht lange, bis man auf andere, als die so vorgegebenen Gedanken trifft, wenn man erst einmal angefangen hat, über den Tellerrand hinauszuschauen. Die Welt ist voll von Gedanken, über die man weder im Fernsehen, noch in den Printmedien etwas findet. Bei weitem nicht alle davon helfen dabei, eigenständig denken zu lernen. Doch sich alle davon anzusehen, sie zu hinterfragen, und sich zu erlauben sein ganz eigenes Bild zu machen, das hilft *enorm* dabei!

Was auch sehr hilft, ist sich mit nichts mehr außer sich selbst zu identifizieren, flexibel zu bleiben, geistig wie physisch, und ein Hansdampf in allen Gassen zu sein.
Das ermöglicht einem scheinbar verrückte Dinge zu tun, ohne darauf angewiesen zu sein, dass sie von anderen verstanden werden. Du bist, was du bist, in diesem Moment. Jeden Moment aufs Neue. Nicht was du hast, denkst oder machst, sondern was du **bist**!

Die Nicht-Identifikation hilft uns dabei nicht in die Gruppenzwang-Falle zu tappen, durch die wir immer wieder Dinge denken, sagen und tun, bloß weil die Leute um uns herum das tun. Auch das ist Gehorsam.
So ziemlich das Schlimmste, das einem Menschen passieren kann, ist von einer Gruppe ausgestoßen zu werden, zu der man dazugehören möchte. Der Schmerz, der einem bei einem solchen Ausstoß wiederfährt, ist vergleichbar mit Verbrennungen dritten Grades. Ob das jetzt die Familie ist, ein Verein, eine Firma, eine Partei oder eine andere Vereinigung jedweder Art, ist dabei völlig egal. Dazugehören bedeutet, sich zu verhalten, wie die anderen. Sich zu verhalten, wie die anderen, bedeutet dazugehören. So erkennt man sich. Aber mit Eigenständigkeit und

Selbstermächtigung hat das alles nicht im Geringsten zu tun.

Der einfachste Weg um solche Fallen herum, ist daher tatsächlich aus eigenen Stücken aus allen Gruppierungen auszutreten und anzufangen man *selbst* zu sein. Vor sich und der Welt zu sich selbst zu stehen, zu seiner Meinung, seinen Gedanken, seinem Erscheinungsbild. Es wird immer Menschen geben, denen man nicht gefällt, und es wird immer Menschen geben, denen man gefällt. Aber die Hauptsache ist, dass man sich selbst gefällt. Mir selbst muss ich jeden Tag im Spiegel in die Augen sehen können und zu mir stehen. Alle anderen sind immer nur Weggefährten, sie sind mal da und dann wieder nicht. Aber ich bin immer da, ich muss immer mit mir zurechtkommen können. Und wenn ich das ein wenig kultiviere und trainiere, dann kommt es tatsächlich über kurz oder lang zu dem Punkt, an dem ich jeden anderen in meinem Leben selbst ersetzen kann! Und dann kann ich mich frei bewegen, mich entfalten, jeden Tag aufs Neue herausfinden, was in mir steckt und mich selbst in vollem Umfang erleben.

Auf diese Weise kann ich einem eVamp den Boden entziehen, mich an mir festzusaugen. Entweder habe ich ihm die Lust genommen, sich weiter mit mir zu beschäftigen und ihn dazu bewogen, woanders hinzugehen, oder ich gehe einfach selbst woanders hin!

In jedem Fall kann ich gut damit leben, für einen eVamp dann ein riesengroßes Arschloch zu sein. Wenn es Not tut, spiele ich das sogar, so gut ich kann. Was nicht passieren darf, ist, dass ich mich selbst als ein solches empfinde, weil ich schon wieder zugelassen habe, dass mir jemand Energie raubt und ich darunter leiden muss.

Ein weiteres sehr nützliches Werkzeug sind meine Mittelfinger. Sie zu nutzen und richtig einsetzen zu lernen hat mich ganze dreißig Jahre gekostet. Doch sie sind der Garant für meinen Frieden mit mir selbst und der Welt um mich herum.
Meine Mittelfinger sind mein Fried. Friedensfinger. Eine Abgrenzung wie ein Zaun. Inzwischen kommen sie schon fast wie von selbst zum Einsatz, sobald jemand im Begriff ist diesen Fried zu überrennen, in mein Leben einzugreifen und ich mich damit unwohl fühle, sprich: das nicht möchte! Es ist nicht böse gemeint, wenn ich jemandem meine Mittelfinger zeige und damit signalisiere: „Danke für dein Angebot in meinem Leben herumzutanzen, aber nein danke, kein Interesse!". Ich muss nicht alles haben wollen, was mir jemand schenken will, vor allem nicht, wenn ich das Gefühl habe, dass das mit komischen Bedingungen verbunden ist. Ich merke inzwischen sehr schnell, ob etwas von Herzen kommt, oder mit Hintergedanken. Und mit Hintergedanken sind mir viele Sachen einfach zu teuer, um sie haben zu wollen, vor allem, wenn diese

Hintergedanken nicht gleich sofort deutlich ausgesprochen werden.

Viel mehr gibt es zur Immunisierung gegen den eVirus nicht zu sagen: Lebe DEIN Leben!

Hör einfach auf, anderen gerecht werden zu wollen und fang an, deinem Bauchgefühl zu folgen. Das wird dich absolut ehrlich und untrüglich durch den Dschungel der Welt leiten. Dein Interesse zieht dich an die Orte und zu den Menschen, die dir gerade wohltun. Folge diesem Interesse. Es kommt direkt aus deinem Bauch. Es ist wie ein Flattern, manche beschreiben es als „Schmetterlinge im Bauch". Ebenso wirst du aus deiner Bauchgegend ein komisches ungutes Gefühl empfangen, wenn du irgendwie in die falsche Richtung unterwegs bist. Dann halt inne und schau dich um, auf irgendetwas um dich herum wird dein Bauch wieder mit Interesse reagieren. Und dann folge diesen Impulsen. Dein Verstand muss bei weitem nicht alles davon sofort verstehen. Er ist noch darauf geschult recht haben zu müssen. Fang an, ihn dafür zu nutzen, herauszufinden, warum dich etwas irgendwo hinzieht. Freunde dich mit deinem Verstand an. Er ist ein sehr wichtiges Werkzeug, das maßgeblich dein Leben bestimmt, das eben nur bisher nicht von dir, sondern von eVamps bedient wurde. **Du** bist die- oder derjenige mit der Macht über diesen Verstand. Nimm sie dir einfach zurück! Man hat sie dir nie wegnehmen können, aber du hast sie abgegeben. Diesen Fehler kannst du jederzeit korrigieren.

Kapitel 5: Regeneration

Es ist höchst unwahrscheinlich, dass du dich von einem Tag auf den anderen immunisiert bekommst. Der eVirus ist ein System, und wie jedes System hat er einen Selbsterhaltungstrieb. Das bedeutet, dass er alles in seiner Macht stehende tun wird, dich als Wirt nicht zu verlieren. Dabei ist er gerissen, rücksichtlos, gnadenlos, skrupellos[14]. Jede einzelne seiner Zellen ist das. Im Großen wie im Kleinen, im Kleinen wie im Großen.

Er wird mit allen Mitteln versuchen, dich dazu zu bewegen, dein Leben weiter so zu leben, wie er es von dir gewohnt ist, und dich bestenfalls tot aufgeben. Bist du nicht sein Freund, bist du sein Feind. Damit bist du für ihn gefährlich, denn wie er bist auch du *ansteckend*. Deine neue Lebensweise könnte andere inspirieren, es dir gleichzutun und ihn loszuwerden. Und das weiß er. Werden alle gesund, ist die Krankheit überwunden, und er ist die Krankheit.

Wichtig zu verstehen bei der Immunisierung, und der einhergehenden Regeneration, ist, dass das nicht ohne Hilfe von eVamps funktioniert. Es werden also künftig weiter welche von ihnen in dein Leben treten, um dir Gelegenheit zu geben, das hier theoretisch Gelernte in die Praxis umzusetzen. Niemand wird immun, indem er einfach ein Buch liest.

---

[14] Wie am Anfang schon beschrieben.

Wenn du bisher viel mit dem eVirus zu tun hattest, dann bist du entsprechend anfällig dafür. Es ist deine Aufgabe deine Verhaltensgewohnheiten, durch die du zum Opfer wirst, nach und nach zu ändern und deine Denk- und Lebensweisen anzupassen. Das geht in der Regel nicht von heute auf morgen.

Lass dich also bitte nicht einschüchtern oder entmutigen. Denke nicht, du könntest nicht aus diesem Teufelskreis ausbrechen, wenn du plötzlich wieder auf einen eVamp „hereingefallen" bist. Dreh an dieser Stelle schon mal den ersten Spieß um und mach den eVamp zu deinem „Opfer", das dir hilft, ein anderes Spiel zu spielen. Allein dieser Perspektivwechsel wird für dich einiges an Änderung bedeuten und dich stärker machen.

Das einzige effektive Mittel, das ich bisher in über 15 Jahren Recherche zum Thema gefunden habe, ist: **Gesunde Ignoranz!** Leider, ist das genau das, was einem liebenden, mitfühlenden Wesen am allerschwersten fällt. Ein liebender Mensch wird immer wieder geneigt sein, einem anderen eine weitere Chance zu geben, sein Verhalten zu ändern und sich zu bewähren. Unglücklicherweise ist das in Bezug auf eVamps das Verkehrteste, was man machen kann, denn sie wissen sehr genau um diese Eigenschaft ihrer Opfer und nutzen genau das sehr gnadenlos aus.

Wer allerdings *sich selbst liebt*, dem fällt es ein wenig leichter. Umgekehrt hilft diese *gesunde* Ignoranz in dieser speziellen Richtung erheblich dabei, sich selbst wieder mehr lieben zu können. Das eigene Ich ist in der Regel sehr dankbar dafür, wenn man sich bewusst nicht mehr behandeln lässt wie Dreck, und das steigert das eigene Selbstwertgefühl erheblich!

Besonders schwer wird das alles, wenn man dem eVamp nicht einfach allein ausgesetzt ist, sondern innerhalb einer Gruppe mit ihm zu tun hat. Dann wird er alles daransetzen, andere Anwesende davon zu überzeugen, dass das Opfer ein falsches Spiel spielt. Das Opfer hat kaum eine Chance, den anderen zu vermitteln, dass der eVamp ignoriert gehört. Egal, was das Opfer dann tut, der eVamp dreht es zu seinen Gunsten.

Ich bin bei weitem nicht der Einzige, der über die letzten anderthalb Jahrzehnte Projekte gestartet hat, in denen es darum ging, eine Gemeinschaft aufzubauen, die nicht nur möglichst autark, sondern auch im Frieden miteinander leben kann. So gut wie alle dieser Projekte sind als Solche gescheitert, eben weil sich in alle davon eVamps eingeschlichen haben. Denen ging es nicht um die gemeinsam gesetzten Ziele, sondern ausschließlich darum, auf Kosten der anderen ein möglichst gemütliches Leben zu leben. Weil die anderen nicht in der Lage waren, die Spielchen der eVamps zu erkennen und diese nicht mitzuspielen scheiterten die Projekte an dem eVirus. Wie gesagt, *Schuld* an etwas sind immer alle Beteiligten. Die, die Böses tun genauso, wie die, die es mit sich machen lassen. Einen vermeintlich Schuldigen zu kennen hat noch nie geholfen aus der Spirale auszubrechen. Auch hat die Suche nach Schuldigen nichts mit Augenhöhe oder Eigenständigkeit zu tun. Das Erkennen der entsprechenden ungesunden Verhaltensmechanismen und das Ändern des eigenen Verhaltens hingegen sehr wohl.

Über die ersten Zwei Monate eines solchen Projektes, in dem es darum ging, die ehemalige Finca von Boris Becker auf Mallorca vor dem Verfall zu retten, habe ich ein kleines Buch mit dem Namen „Ich mache jetzt erstmal sauber" [15]*geschrieben, in dem ich genauer auf die Spielchen eingegangen bin, die dort gespielt wurden.*[16]

Nochmal: Die einzige Abhilfe bietet **gesunde Ignoranz**! Und die eVamps werden tun was sie können, um genau das so schwer wie nur möglich zu machen. Ignoranz

---

[15] Im Buchhandel sowie auf www.lest2020.de erhältlich.
[16] Über den zweiten Teil dieser Erfahrung, die mich weitere acht Monate dort verweilen ließ, habe ich mir das übrigens geschenkt, weil sich das aus dem ersten Teil einfach nur eins zu eins wiederholt hat.

gehört laut den Spielregeln des eVirus zu ihrem Spiel, nicht zu dem der Opfer! Sie werden alles tun, um weiter im Wahrnehmungsbereich ihrer Opfer zu bleiben und diese Ignoranz von Seiten der Opfer zu unterbinden. Sie werden schmeicheln, zetern, heulen und fluchen, mit dem Fuß auftreten und zum Rumpelstilzchen mutieren. Nur in der Mitte zerreißen werden sie sich leider nicht. Sie werden beteuern, sich zu ändern, und dass es ihnen leid täte. Sie werden mit Selbstmord drohen und alles andere nur Erdenkliche tun, um die Ignoranz der Opfer zu brechen. Denn sie wissen, bewusst oder unbewusst, ganz genau, dass sie das Opfer ein für alle Mal verlieren, wenn sie es dazu kommen lassen. Erwähnte ich, dass sie selbst von ihrem Opfer wesentlich abhängiger sind, als umgekehrt? Egal wie anders das ein Opfer empfinden kann, das in dem Fall einfach nur infiziert ist und entsprechend denkt, es sei abhängig vom eVamp. Auch hier finden wir wieder einen Spieß zum Umdrehen, einfach indem wir dies verstehen.

Auf diese Weise ist es gleich doppelt schwer, diese Ignoranz an den Tag zu legen. Und in ausreichenden Fällen ist es so gut wie unmöglich, den eVamp aus der eigenen Wahrnehmung zu subtrahieren. Kann man den eVamp nicht ignorieren, hilft nur eins: Den Spieß umdrehen und sein eigenes Spiel mit ihm spielen. Sprich: Das, was er mit dem Opfer macht, mit ihm zu tun. Sich ihm gegenüber genauso zu verhalten, wie er selbst es tut. Ihm den Spiegel vorhalten, und das am besten mithilfe des *Ridiculus*, den ich gleich noch genauer erkläre. Energetisch vermittelt ihm das, dass das Opfer keines mehr ist und er sich an der falschen Stelle festgesaugt hat. Wieder wird er zum Rumpelstilzchen werden, aber er wird sich abwenden und *gehen*! Ich weiß, das klingt, als gäbe es eine Alternative zur Ignoranz, doch letztlich ist es nur eine Variante davon, die sich nicht auf den eVamp selbst, sondern den eVirus bezieht. Denn durch diese Strategie ignoriert man tatsächlich die Spielregeln, die einen bisher dazu genötigt haben Opfer-Verhalten an den Tag zu legen.

Der „Ridiculus" ist ein Verstärker. Das Wort bedeutet „lächerlich" und es hilft immer wieder dabei, Dingen besonderen Ausdruck zu verleihen, indem man sie ins Lächerliche zieht.

Beispiel:
Wenn ich verärgert oder heulsusig bin, mich entsprechend fühle, mich mit dem Gefühl in mir unwohl fühle und es loswerden möchte, drehe ich den Spieß um. Statt dagegen anzukämpfen bin ich - nein, spiele ich – erst recht verärgert oder heulsusig. Dann zetere oder knatsche ich theatralisch-dramatisch bis ins Extrem, und zwar so lange, bis es für mich selbst lächerlich wird und ich darüber lachen muss. Als ich damit angefangen habe hat es Minuten gedauert, bis ich so wieder lachen konnte. Heute, mit etwas Übung, schaffe ich es kaum

das Ganze über ein paar Sekunden hinauszuziehen, ohne an den gewünschten Punkt zu gelangen. Und ich bin extrem dankbar dafür, dies alles gelernt zu haben, denn es bedeutet für mich einen großen Unterschied in der Lebensqualität. Der Ridiculus ist ein Werkzeug, das ich nie wieder missen möchte!

Genau das kann ich auch im Spiel mit eVamps anwenden, wenn es mir darum geht, sie loszuwerden und ignorieren zu können. Auf diese Weise wird das Ganze nämlich auch tatsächlich „spielerischer". Ich weigere mich seit Jahren aus guten Gründen mich auf einen Kampf einzulassen. Vor allem bei eVamps. Egal wie grausam ich sein kann, sie können grausamer sein. Im Kampf wäre ich ihnen dadurch unterlegen. Also *tanze* ich, statt zu kämpfen. Einen Tanz kann ich nicht verlieren, aber er kann mir genauso dabei helfen, den eVamp an den Punkt zu bringen, an dem er von mir ablässt und keine Lust mehr hat, sich mit mir zu beschäftigen. Erkennst du den Unterschied? So kann versuchen wer will mir einen Kampf aufzuzwingen, er wird es nicht schaffen. Auch wenn er es schafft ihm meine Aufmerksamkeit zu schenken. Es ist dann eben eine Aufmerksamkeit die er nicht will. Wenn er von mir nicht bekommt, was er will, wird er sich das nächste Opfer suchen. Und dabei hoffentlich bald nur noch auf Leute treffen, die dieses Buch gelesen oder anderweitig seinen Inhalt verstanden haben. Und somit keine Opfer mehr finden.

Womit wir an einen weiteren wichtigen Punkt kommen, der sehr in Verbindung mit unseren Schwierigkeiten steht, anderen gegenüber ignorant zu sein:

Unser Mitgefühl verleitet uns zu dem Wunsch, diese lieblosen Wesen zu „heilen", ihnen zu helfen, auch aus diesem Spiel auszutreten und ein anderes Leben zu leben. Ihnen zu zeigen, was Liebe wirklich ist und wie man sie in sich selbst generiert. Doch genau das führt in eine Zwickmühle, denn jede Aufmerksamkeit, die wir ihnen schenken, all die Energie, die wir dabei aufbringen, wissen sie nicht anders zu nutzen, als sie es kennen. Wir können sie nicht „heilen". Jeder kann sich nur selbst heilen, und das gilt auch für sie. Doch das erfordert zuerst einmal zu erkennen, dass man krank ist und den eisernen Willen, wirklich etwas in seinem Leben zu ändern. Und das benötigt dann auch wieder einen Haufen Energie, die sie nicht haben, so lange sie diese nicht in sich selbst generieren können. Demnach können weder wir sie heilen, noch sie sich selbst. Die einzige Chance, die sie haben, ist, dass wir sie „vertrocknen" lassen. Erst wenn sie an den Punkt kommen, an dem sie wahre Demut in sich selbst erfahren und sich wirklich aus tiefstem Herzen bereit erklären, ihr Leben grundlegend zu ändern, haben sie eine Chance, Energie anders zu nutzen. Erst wenn sie erkennen, dass sie selbst, und niemand anderes für sie verantwortlich ist. Selbst da bleibt es gefährlich, weil auch sie immer wieder rückfällig werden können.

Jedes einzelne Mal, wo ich mich habe verleiten lassen, zu helfen, habe ich es bisher schon nach kurzer Zeit bitterböse bereut. Ich bin wieder meiner Energie beraubt gewesen, die ich dann erstmal wieder aufbauen musste. Selbst für jemanden, der das schon jahrelang trainiert, kann so etwas ein gutes Weilchen dauern. Ein gutes Weilchen, in dem ich zu kaum irgendetwas anderem zu gebrauchen bin, als meine Wunden zu lecken und sie heilen zu lassen. Wozu ich mich am besten zurückziehe, weil ich sonst im Zusammenleben mit anderen selbst schnell geneigt bin auf Kosten ihrer Energie zu leben. Wie gesagt, jeder kann sich nur selbst heilen. Natürlich kann es helfen, wenn mir dabei jemand mit seiner Energie und Liebe hilft, der sich dann aber auch darauf verlassen können muss, dass ich gerade mit nichts anderem beschäftigt bin, als mit meiner Heilung. Ansonsten geht die mir geschenkte Energie für das drauf, womit ich mich anderweitig beschäftige.

Ist ihr Überlebenswillen an dem Punkt des energetischen Verhungerns groß genug, gibt es also auch für sie Hoffnung. Doch auch an diesen Punkt müssen sie allein gelangen. Alles, was wir dabei für sie tun können, ist, sie zu ignorieren und sie sich selbst zu überlassen. Realistischer ist allerdings, dass sie eher innerlich verhungern, als sich ihrem Selbst zu stellen.

Wie alle von uns müssen das auch sie selbst entscheiden.
Die Regeneration vom eVirus und die damit einhergehende Immunisierung ist also nichts, von dem man erwarten könnte, sie schnell hinter sich zu bringen. Es ist ein langwieriger und mitunter sehr schmerzhafter Prozess, der immer wieder auch entsprechend Energie kostet. Und dennoch ist es etwas, das jeder von uns schaffen kann. Voraussetzung ist besagter eiserner Wille und das Wissen darum, wie es geht. Entmutigen lassen sollte sich niemand, denn es gibt kaum etwas Lohnenswerteres. Machen wir uns immun gegen den eVirus, erwartet uns ein Leben, das wir uns vorher nicht im Ansatz vorstellen konnten. Ein selbstbestimmtes, eigenverantwortliches Leben, in dem das Wort „unmöglich" aus dem Vokabular verschwindet.

Ein solches Leben ist unser wahres Erbe. So sollten wir eigentlich alle leben können, so wie jede andere Spezies um uns herum. Dieses Erbe ist naturverbunden und nachhaltig. Es ist kostbarer als jeder Schatz, den ein Piratenkönig je hätte vergraben und auf einer Karte mit einem „X" markieren können. Wir kennen es auch unter dem Namen „Freiheit". Wahre Freiheit, aufgebaut auf Selbstsicherheit und Selbstvertrauen.

Freiheit, wie wir sie von eVamps verkauft bekommen, basiert auf Überwachungskameras, Regierungen, Verträgen, Rechten und anderem Blödsinn, den sie sich haben einfallen lassen. All das hat mit Freiheit nichts zu tun, sondern dient einzig und allein ihrer Kontrolle über uns. Wenn diese Leute von Freiheit sprechen, meinen sie das genaue Gegenteil. Man kann es ihnen nicht mal nachtragen, weil sie es gar nicht besser wissen. Sie sind selbst nicht frei, sondern an den eVirus gebunden und damit in höchstem Maße abhängig von ihren Opfern. Sie selbst kennen Freiheit genauso wenig wie ihre Opfer. Weil Freiheit das ist, was man erlebt, wenn man nicht vom eVirus infiziert ist und logischerweise ist jeder eVamp infiziert. Weil sie auch keine Liebe kennen, und da, wo keine Liebe ist, die Angst regiert, haben sie Angst vor einer Welt in solcher Freiheit. Sie können sich nicht vorstellen, dass Leute wie sie in einer solchen Welt existieren können. Was allerdings wesentlich mehr mit ihrem Verhalten zu tun hat, als mit ihnen selbst. Aus dieser Perspektive ist es sogar tatsächlich richtig. Denn in einer freien Welt gibt es eben keine eVamps. Das ist der Knackpunkt. Doch in einer solchen Welt können und wollen *wir* leben, also sollten wir uns erneut darauf besinnen, uns auf uns selbst zu konzentrieren und sie gesund zu ignorieren. Oder jeden Kampf, den sie uns aufzwingen, als Tanz annehmen, bis sie sich von uns abwenden und wir sie ignorieren können. Vielleicht kommen sie auch zur Besinnung, wenn sie merken, dass sie mit ihren Spielchen nichts mehr ausrichten können. Vielleicht auch nicht, aber das ist wie gesagt nicht unser Problem.

Unser Problem ist ein ganz anderes: Wir lieben. Und weil wir lieben, lieben wir auch sie. Sie stehen uns mitunter näher als gesund für uns ist, und wir haben oft Probleme damit, unsere Friedensfinger da einzusetzen, wo es am meisten weh tut. Nämlich in unserem direkten Umfeld. Genau da tun wir nämlich noch am ehesten alle möglichen Dinge, um anderen zu gefallen. Ihnen gerecht zu werden. Von ihnen auch so geliebt zu werden, wie wir sie lieben. Genau hier ist ein solcher Austritt aus der Gruppe am schwersten: Aus den Gruppen heraus, zu denen wir uns selbst am meisten wünschen, dazuzugehören. Es ist dabei egal, ob es sich um die leibliche Verwandtschaft oder die geheiratete große Liebe handelt, um den Freundeskreis oder den Arbeitsplatz. Da, wo wir gewohnt sind, uns aufzuhalten.

Solltest du dich in einer solchen Situation befinden und verstehen, warum diese Bindungen für dich toxisch sind und aufgelöst gehören, dann wisse bitte folgendes:
Auf dem Weg zur Eigenständigkeit ist es unumgänglich, auf *eigenen* Beinen stehen zu lernen. Jeder, der gelernt hat, sich auf sich selbst zu verlassen und mit beiden Beinen im Leben steht, hat diese Opfer mehrfach bringen müssen. Um zu lernen sich selbst gegenüber loyal zu sein, muss man die Loyalitäten allen anderen gegenüber aufheben.

Wenn du dich in deinem Umfeld nicht wohlfühlst, dann musst du dich mit ihnen nicht völlig zerstreiten, um von ihnen weg zu kommen. Einfach anfangen ungezwungen deinen eigenen Weg zu gehen, reicht vollkommen. Den größten Fehler, den du in einem solchen Moment machen kannst, ist zu erwarten, dass irgendwer dich gerade verstehen kann. Es ist regelrecht logisch, dass dein altes Umfeld dich nicht mehr verstehen kann, wenn du auf einmal völlig anderen Gedanken folgst und die auch noch aussprichst! Hab dabei auf dem Schirm, dass ihre Verstände genauso wie deiner gezielt darauf programmiert sind, recht zu behalten.

Erinnere dich stets daran, wie du vielleicht auch mal erst das nötige Interesse in dir wecken musstest, um mit dem Umdenken zu beginnen. Auch sie müssen dieses Interesse aus sich selbst heraus entdecken. Das kannst du nicht forcieren. Die beste Möglichkeit, die dir bleibt, ist Vorleben, aber nicht zu missionieren. Missionierung kann unendlich frustrierend sein und hat mit Freiheit nichts zu tun. Du brauchst die anderen nicht verstehen und sie dich nicht. Du musst dich verstehen und du darfst ihnen von Herzen wünschen, dass sie sich selbst auch verstehen. Und dann: Hab keine Angst, irgendwen zu verlieren. Entziehe jemandem deine Aufmerksamkeit: Wer dich liebt, hat kein Problem. Wer giftig reagiert, ist *giftig*! Ja, dir werden viele Türen geschlossen werden und an vielen deiner alten Plätze bist du nicht mehr willkommen. Doch du wirst jederzeit andere Leute treffen denen du gefällst. Und zwar nicht obwohl, sondern *weil* du genau so bist, wie du gerade bist. Deswegen sei am besten jederzeit du selbst, was und wie auch immer du im jeweiligen Moment gerade sein möchtest. Sei frei!

Du weißt nie, was kommt. Auch nicht, ob und wann vielleicht der Tag kommt, an dem die eine oder andere Tür wieder geöffnet und dein neues Du wieder von Herzen willkommen ist. Und wenn Türen verschlossen bleiben, dann trauere den Leuten dahinter nicht nach. Sei dankbar für die schönen Zeiten mit ihnen, und dafür, die schlechten nun nicht mehr ertragen zu müssen.

Laufe deinen Interessen und dem, was dein Herz erfüllt, nach, nicht irgendwelchen anderen Leuten. Wer auch immer diese Sitte erfunden haben mag, sie ist Teil des eViruses. Sie ist in höchstem Maße ungesund, vor allem, wenn man anderen Leuten folgt, weil man dazu gezwungen ist. Beziehungsweise *denkt*, es zu sein! Weil man eben infiziert und im Spiel gefangen ist. Dabei braucht man immer nur erst mal eine Weile mit etwas Abstand über alles nachzudenken, dann findet man schnell Zusammenhänge und erkennt Spielschemata, und dann auch, wie man aus ihnen ausbrechen kann. Und aus dem Kampf einen Tanz macht.

Zur Heilung gehört definitiv auch die Beschäftigung mit sich selbst. Sich selbst in den Mittelpunkt der eigenen Wahrnehmung zu bringen und zu beobachten, was in dieser Wahrnehmung denn überhaupt passiert. Wenn wir es schaffen, eVamps loszuwerden, wird es uns dennoch jedes Mal immense Energie kosten. Es ist also durchaus erlaubt, sich als Erstes seiner Ruhe zu widmen. Dein System kann sich in zwei Modi befinden: Stress und Ruhe. Im Stress-Modus stehst du relativ verkrampft und quasi mit den Armen schützend vor deinem Kopf in der Situation. Schadensbegrenzung ist die Devise. Das kostet Energie und wenn die nicht aufgeladen wird, und das System ständig auf Low-Level läuft, geht der Organismus kaputt. Er wird krank, labil, fällt nach und nach auseinander.

Nur im Ruhe-Modus können Körper, Geist und Seele regenerieren. Und tun das in diesem Zustand völlig selbstgesteuert. Schneide dir in den Finger und sieh zu, wie dein Körper ab derselben Sekunde heilt. Völlig ohne dein Zutun. Deine Aufgabe in diesem Moment ist nichts weiter, als weiter für Ruhe zu sorgen. Dir eine Auszeit zu erlauben. Eine Pause. So lange, wie eben nötig. Schalte den Fernseher ab und leg mal das Handy weg. Geh in der Natur spazieren, atme bewusst und in den Bauch. Beobachte, wie dein Geist ganz von alleine interessante Gedanken findet, sich beruhigt und entschleunigt. Erlaube dir, dich mit banalen Dingen zu beschäftigen, die Dir Energie geben, statt sie zu kosten. Tu, was immer du tust mit Hingabe und finde Begeisterung in deinem Handeln. Lass Spaß den Sinn deines Lebens sein. Ich weiß, das bekommt man in eVirus-Land anders beigebracht. Da ist Spaß natürlich das *Allerletzte*, was das Leben machen soll. Da hat man zweckdienlich zu leben, nicht spaß- oder glücksdienlich. Aber wie soll denn dann irgendjemand jemals glücklich werden? Das *kann* so nicht funktionieren.

Erkenne das, und dann erlaube dir, dein Leben darauf auszurichten, was dir liegt, dir Freude bereitet und Begeisterung in dir und den Leuten um dich herum hervorruft. Da liegen deine Talente verborgen. Solltest du sie noch nicht kennen, liegt das daran, dass du bisher nichts davon gemacht, sondern deine Zeit nach Vorgabe anderer verbracht hast. Mit völlig anderen Dingen. Und genau das ist der Punkt:

Verbringst du deine Zeit nicht damit, deine eigenen Träume zu verwirklichen, sondern die anderer, dann werden deren Träume wahr, nicht deine! Denk da mal eine Nacht oder zwei drüber nach, wenn du das nicht schon mal getan haben solltest. Du vergeudest deine Zeit in dieser verpesteten Welt, wenn du gehorchst. Du verschenkst sie, wirfst sie wie Perlen vor Säue, weil man dir das dein ganzes Leben lang zu tun vorgelebt hat. Weil man das eben so macht. Weil es alle tun. Weil es seriös ist! Genau genommen ist es blöd!

Nimm dir Zeit für diese Dinge. Wenn Du einmal anfängst dein Leben zu leben und dahinterzukommen, was eigentlich sonst noch so alles machbar ist, dann wirst du Zeit brauchen. Sie aber auch haben! Lass dich nicht von anderen ablenken und dich nicht einschüchtern. Nicht jeder, den man auf dem eigenen Weg so trifft, ist nett! Grüße freundlich und lass sie stehen. Gesell dich zu denen, die gerade deine Interessen teilen und genieße die Zeit mit ihnen. Hier wirst du sehr wertvolle Dinge lernen. Vor allem wertvoll für dich. Und vor allem Dinge über dich. Und du wirst sehr dankbar dafür sein!

Erlaube Dir, deine eigene Autorität zu sein. Sei dir selbst treu, und behandle dich gut. Das geht am besten, indem man gutes Verhalten an allen möglichen anderen Menschen trainiert. Steh zu dir und deiner Meinung, aber dränge sie niemandem auf. Du bist kein eVamp, oder? Jemandem etwas aufdrängen ist eVirus. Und zwar sowas von. Wollen wir nicht nur, dass sie die Welt endlich aus unseren Augen sehen, damit wir uns bestätigt fühlen? Wenn man sehr ehrlich mit sich selbst ist, kann man das nicht leugnen. Wir würden uns dann einfach besser fühlen. Zumindest denken wir das. Stattdessen wären wir, statt uns besser zu fühlen, schon dabei, von jemandem das nächste „Kaum-zu-glaubende" zu Glauben zu erwarten. Wir sind es nicht gewohnt so ehrlich mit uns selbst zu sein, wie es diese Situation erfordert.

Aber wo wir gerade einmal so ehrlich waren, haben wir auch schon erkannt, wie unnötig und dumm es ist, zu versuchen, jemanden von irgendetwas zu überzeugen. Es ist eben einfach nicht unser Job! Unser Job ist es, uns selbst zu überzeugen. Und das ist ein Fulltime-Job! Da bleibt dann keine Zeit mehr, um noch vor den Türen anderer zu kehren. Was sehr beruhigend ist, weil man eben weniger Stress hat. Es sei denn, man macht sich welchen, aber das lässt man dann auch nach und nach immer mehr sein.

Kapitel 6: Die eVirus-Pandemie

„Corona" ist im Jahr 2020 in aller Munde. Kein Tag, keine einzige Nachrichtensendung vergeht, ohne neue Horrormeldungen, die in unseren Köpfen landen. Doch Corona ist bei weitem nicht das größte Übel, dem wir ausgesetzt sind. Corona ist eins der vielen Spielchen, die dazu beitragen, dass wir uns hilf- und machtlos und von anderen abhängig fühlen. Nicht der Virus selbst, sondern, wie damit umgegangen wird. Vielen wird nicht schmecken, was jetzt kommt, doch es gehört zu der bitteren Medizin, die geschluckt werden sollte, wenn man an anderen Lebensumständen interessiert ist.

Ich erinnere aus gegebenem Anlass noch einmal an Folgendes:
Opfer[17] können sich nicht im Ansatz vorstellen, wie abgrundtief „böse"[18] eVamps sein können. Der Mensch neigt dazu, von sich auf andere zu schließen und das ist mitunter das dümmste, was man machen kann. Kaum etwas macht blinder und verzerrt den Blick auf die Wahrheit, die uns umgibt.

Bei dem was jetzt kommt ist es absolut wichtig, das im Hinterkopf zu behalten, weil man sonst nichts davon glauben kann, was nichts daran ändert, dass es dennoch so ist! Fangen wir moderat an, denn ich denke

---

[17] Menschen mit Herzverstand, Empathie und Mitgefühl.
[18] Respektlos, anstandslos, taktlos, skrupellos, rücksichtslos, etc.

an dieser Stelle fällt es den meisten noch halbwegs leicht, nicht zu widersprechen, wenn ich sage: Krieg ist ein Geschäft!

Das bedeutet, dass es Menschen gibt, die einen Vorteil aus Kriegen ziehen und das sind weiß Gott nicht einfach immer nur die „Gewinner" eines Krieges[19]. Die, die so richtig einen Vorteil aus Kriegen ziehen, sind vor allem Waffenhersteller und –lieferanten, die fast immer einfachen beide Seiten mit Waffen beliefern. Es nicht zu tun wäre ein kapitalistischer Fauxpas und es gibt eine ganze Rüstungsindustrie mit Angestellten, die auf diese Weise ihre Familien ernähren! Es gibt also Menschen, die ein großes Interesse daran haben, dass andere Menschen sich mit ihren Waffen die Köpfe einschießen, Bomben werfen oder sich auf andere Weise töten. Das bedeutet, dass Kriege einen wirtschaftlichen Faktor ausmachen, und zudem keinen geringen. 51% des gesamten Etats der U.S.A. subventionieren die Rüstungsindustrie .[20] Die wenigsten Deutschen wissen von den Verkäufen von deutschen Panzern, hergestellt

---

[19] Ein großer Kriegsherr hat einmal gesagt, dass es im Krieg niemals einen Gewinner geben kann, sondern immer nur einen Überlebenden.

[20] Das mag unter Donald Trump anders gewesen sein. Der, anders als seine drei direkten Vorgänger, die elf Millionen Menschenleben auf dem Gewissen haben, keine bewaffneten Konflikte angezettelt hat. Dafür hat er einen Handelskrieg mit China vom Zaun gebrochen, der genauso Menschenleben forderte, weil Versorgungsketten unterbrochen wurden, durch die Menschen auf der ganzen Welt verhungern.

von Mercedes Benz, nach Afghanistan, zu Zeiten, in denen Afghanistan als der Feind des Westens galt. Geschäfte, die durch Steuern ermöglicht wurden, die unsereins bezahlt. Das ist global wirkender eVirus.

Was schon weniger Leuten schmecken wird, ist eine andere Erkenntnis: Jeder gesunde Mensch ist ein verlorener Kunde der Pharma-Industrie, die deswegen nicht das geringste Interesse an gesunden Menschen hat! Sie gibt vor, uns zu heilen, aber würde sie das tun, wäre sie hinfällig und könnte keinen Cent mehr verdienen. Weil eben auch unsere Gesundheit zu einem Geschäft verkommen ist tun sie, was sie nur können, um uns in der Überzeugung zu halten, krank zu sein und ihre „Hilfe" zu brauchen. Dabei werden Symptome des eVirus einfach als Krankheiten deklariert und Pillen dagegen „erfunden". Oder eben andere, weitaus teurere Behandlungen. Oder Impfungen, wie Corona zeigt. Hier geht es nicht um unsere Gesundheit, sondern rein ums Geschäft! Und das sollte langsam mal jedem klarwerden, denn sonst kommen wir aus dieser Spirale nur noch über den Weg zum Friedhof heraus. Dass in diesem Jahr so ein Spiel um Corona gemacht wurde, hat mit nichts weiter als diesem Geschäft zu tun. Ob wir durch eine Impfung sterben oder nicht, spielt für die Industrie dabei keine Rolle. Das Geld, was sie selbst mit zu-Tode-geimpften Menschen machen, kann sich unsereins nicht vorstellen. Die, die nicht an der Impfung sterben, werden ihren Glauben in Impfungen festigen und die hat man dann einfach durch die Inszenierung anderer Pandemien am Haken. Das ist global wirkender eVirus!

Kommen wir zu etwas, das in unser Leben weit integrierter ist: Politik.
Wer den Iron-Mountain-Report gelesen hat, eine Studie, die seinerzeit von der Kennedy-Administration in Auftrag gegeben wurde, weiß Bescheid. Diese Studie sollte herausfinden, was es für Amerika bedeuten würde, wenn die Welt in Frieden leben würde. Das Ergebnis war niederschmetternd: Die Studie besagt, dass in diesem Fall nicht nur Amerika, sondern alle Staaten und Länder der Welt überflüssig wären, also ihres Sinnes beraubt. Die Studie erklärt eindrucksvoll, dass Staaten ohne Krieg, oder die Gefahr eines Krieges, nicht existieren würden. Nur durch die Aussicht auf einen möglichen Krieg oder Unruhen, lässt sich eine Regierung überhaupt rechtfertigen. Also ist den Mächtigen aus mehreren Gründen am Krieg gelegen, denn ohne Kriege wären sie machtlos über andere.

Da Menschen, die Macht über andere ausüben müssen, eben eVamps sind, ist Frieden das Letzte, was sie gebrauchen können. Also halten sie tagtäglich diese Show am Laufen, um uns immer weiter in der Illusion zu halten, wir bräuchten sie, um zu verhindern, dass wir uns alle gegenseitig zerfleischen. Dabei sind es nicht wir, die Kriege gegen andere erklären, sondern eben sie! So wie eben nicht wir diejenigen sind, die von ihnen abhängig sind, sondern genau anders herum. Langsam sollte klar sein, warum.

Um diese Illusion aufrecht zu erhalten, existiert das Mainstream-Medienprogramm! Und das reicht von Zeitungen, über Fernsehen und Radio, bis ins Kino und seit ein paar Jahren weit ins Internet. All diese Medien nutzen Weltklasse-eVamps für ihre Propagandazwecke. Es ist eine riesige Propagandamaschinerie, die tagtäglich für Spaltung sorgt, für Verwirrung und Ablenkung, von dem was wirklich ist: Nämlich uns Menschen und dass wir durchaus unser *eigenes* Leben leben können. Selbstbestimmt und in Freiheit. Diese Werkzeuge nutzen sie seit jeher, um ein Bild der Welt zu erzeugen, wie wir sie sehen sollen, damit wir in Angst und Grauen voreinander leben. Denn in dem Moment, in dem wir glauben, was sie zeigen, wird diese Welt für uns real!

Das zu verstehen ist ein ganz wesentlicher Punkt: Wie unsere Realität entsteht. Darauf bin ich zusammen mit der lieben Melanie Jurak in unserem Buch „Eins mit ALLEM – Eine Liebesgeschichte" tiefer eingegangen und lege ans Herz, es zu lesen.[21] Doch hier kurz noch einmal das dafür Wichtigste kurz zusammengefasst:

---

[21] Erhältlich im Buchhandel sowie auf www.lest2020.de.

Wir nehmen die Welt so wahr, wie wir sie sehen. So, wie wir sie sehen, wird sie für uns real. Allerdings nur für uns selbst, weswegen jeder sein ganz eigenes Bild der Welt hat, trotz aller Bemühungen der eVamps, dieses Bild zu vereinheitlichen.

Beispiel:
Sehen wir einen Apfel, und finden ihn hässlich, dann ist er für uns hässlich. Finden wir ihn schön, dann ist er für uns schön. Der Apfel selbst bleibt dabei ein und derselbe.

Anderes Beispiel:
Wir finden jemanden toll und er ist unser bester Freund, während jemand anderes ihn ganz anders sieht, und für ihn ist er das größte Arschloch der Welt. Der Mensch, um den es geht, kann dabei machen was er will, er bleibt derselbe. Ändern wir unser Bild von ihm, wandert er lediglich von einer Schublade in eine andere.

Deswegen ist niemals etwas so, wie es für uns scheint. Alles Wahrnehmbare lässt sich auf unterschiedliche Weise wahrnehmen.

Auf diese Weise formt sich auch unser Selbstbild: Wir glauben Stimmen, die etwas über uns erzählen, und glauben dann das eine oder andere. Wir machen dann sehr häufig den zusätzlichen Fehler, uns dabei festzufahren und dann zu glauben, das zu sein, was wir *denken* zu sein. Dabei ist es unerheblich, was für ein Selbstbild wir haben, ein gutes oder schlechtes. Das Selbstbild selbst ist dann ein sehr eingeschränktes. Ein oft sehr wenig flexibles und dadurch sehr leicht zerbrechliches. Sagt jemand etwas über uns, das diesem Selbstbild nicht entspricht, irritiert und verwirrt uns das. Mitunter kann das einen Menschen in eine totale Identitätskrise führen.

Dann spielt ein weiterer Faktor eine große Rolle, der sich mit „Massenmanipulation" sehr gut benennen lässt. Um jetzt nicht völlig auszuufern, lege ich dem interessierten Leser nahe, sich mit den Schriften von Edward Bernais und Elias Canetti auseinanderzusetzen. Beide haben sich ausführlich mit Massenmanipulation beschäftigt. Bernais gilt heute als der Erfinder der Public Relations[22] und dadurch als der indirekt einflussreichste Mann des 20. Jahrhunderts. Wären seine Schriften dem Volk so bekannt, wie den Mächtigen, wäre diese ganze Manipulation überhaupt nicht möglich. Mit Canetti verhält es sich ähnlich: Sein Buch „Masse und Macht" sollte wirklich jeder kennen. Beim Lesen fallen einem regelrecht die Augen aus dem Kopf. Unglaublich, auf was für simplen Beobachtungen und Erkenntnissen dieser ganze Spuk basiert.

Wer gerne weiter glauben möchte, dass es eine Verschwörungstheorie sei, dass sich eine globale Elite

---

[22] Öffentlichkeitsarbeit durch Werbung und Propaganda.

von eVamps gebildet hat, die sich für etwas Besseres hält als andere Menschen, liest ab hier besser nicht weiter. Denn es hat sich eine solche Elite gebildet. Selbst wenn sie versuchen sich im Schatten zu halten, erkennt man das deutlich an den Dingen, die in unserer Welt so passieren.

Wollte man ein Bild malen, das die Menschheit durch einen Menschen symbolisieren soll, wäre er auf einem Ast gut getroffen, an dem er sägt. Und zwar auf Geheiß, sprich: in Gehorsam. Weil jemand anderes es ihm befohlen hat. Doch das nicht missmutig, sondern in vollem Eifer! Das würde es ganz gut treffen. Doch das betrifft eben nur einen Teil der Menschheit. Jenen sehr großen Teil, den wir als Opfer kennengelernt haben. Die eVamps, die ihm diese Torheit befohlen haben, stehen mit Sektgläschen daneben und feuern ihn an, in freudiger Vorausschau auf das Unvermeidliche, und in Ekstase darüber, dass er überhaupt da oben angefangen hat das zu tun, was sie ihm gesagt haben.

Kaum einer von uns käme von selbst darauf, unseren Lebensraum Tag für Tag weiter zu zerstören. Alle daran aktiv beteiligten tun das, weil sie irgendwie ihren Lebensunterhalt verdienen müssen. Was eine eVamp-Idee ist. Die sind eben niemals aktiv an der Zerstörung des Planeten beteiligt, sondern als Befehlshaber passiv. Sie würden sich nur im alleräußersten Notfall selbst die Hände schmutzig machen. Das macht sie aber bestimmt keineswegs zu Unbeteiligten, denn ohne sie gäbe es diesen Unfug überhaupt nicht. Das ist global wirkender eVirus.

Konnte ich dem Leser bis hier halbwegs verständlich machen, warum ich von einer wirklichen Pandemie spreche? Wie die Pest greift diese Krankheit des Gehorsams weltweit um sich. Nicht einmal im tiefsten Urwald ist man sicher, weil der Urwald immer weniger tief wird und im Rahmen dieses Spiels immer weiter verschwindet.

Die Politik handelt nicht in unserem Interesse und in den meisten Ländern der Welt ist das keinen Deut anders. Deswegen kann ich irgendwie schon lange nicht mehr nachvollziehen, warum den Politikern immer noch alle hinterherlaufen und *gehorchen*. Das ist meiner Meinung nach etwas, was langsam mal alle begreifen sollten. Nochmal: Die Politik handelt nicht in unserem Interesse. Die bloße Existenz der Politik ist nicht in unserem Interesse. Sie ist nichts, was wir uns ausgedacht hätten. Sie gehört zu den Kontrollwerkzeugen[23] der eVamps. Und das ist keine Verschwörungstheorie. Wer glaubt es sei eine, der ist hoffnungslos verloren. Bei dem haben die eVamps erfolgreichste Arbeit geleistet. Das ist in keinster Weise abwertend gemeint. Das ist simple Logik.

---

[23] Man kann sie tatsächlich mit Spinnennetzen vergleichen.

Wer also glaubt, im Jahr 2020 sei Corona die größte Bedrohung gewesen, hat sich ganz schön hinters Licht führen lassen. Seit Ewigkeiten schon gibt es keine Bedrohung, die dem eVirus ansatzweise gleichkommt. Die größten Leiden der Menschheitsgeschichte haben wir diesem eVirus zu verdanken. Doch damit letztlich auch uns selbst, weil wir uns haben infizieren lassen und mitgespielt haben. Noch einmal: Schuldzuweisungen helfen uns nicht weiter. Mit unseren Fingern auf andere zu zeigen ist nicht dienlich, weil es einfach nichts ändert. Diese Spiele und ihre Regeln zu erkennen und dann nicht mehr mitzuspielen hingegen sehr wohl. Wir sollten uns also aus gegebenem Anlass ein wenig mehr Gedanken über diese Dinge machen.

Um sich aber Gedanken über irgendetwas machen zu können, brauchen wir die entsprechenden Denkanstöße. Und da die Medien diese Anstöße nicht bringen[24], und das auch sonst niemand tut, sollten wir uns vielleicht auch in diesem Fall einfach mal besser auf uns selbst verlassen und es selbst tun. In diesem Sinne schrieb ich dieses Buch, und in diesem Sinne wünsche und hoffe ich,

den Leser dazu inspirieren zu können, diese Denkanstöße weiterzugeben. Sich eigene Gedanken zu alledem zu machen und alle diese Gedanken seinem Umfeld näher zu bringen.

---

[24] Sondern eben genau das Gegenteil tun: Denkanstöße in alle nur erdenkliche andere Richtungen.

Was ist das mit den Medien und warum funktioniert diese Maschinerie so gut? Es ist eine Yogi-Technik. Wenn Yogis beschließen, etwas in die Realität zu manifestieren, dann treffen sie sich zu tausenden in ihren Aschrams und meditieren über diese Sache. Dabei ist völlig egal, was der einzelne Yogi von der Sache selbst hält, wesentlich ist, dass er in diesem Moment damit beschäftigt ist.
Die Medien der eVamps machen dasselbe, indem sie unsere Wohnzimmer zu ihrem „Aschram" machen, ihrem Tempel, in dem wir sitzen, ohne uns dahin bewegen zu müssen. Wir müssen nur die Glotze einschalten und sind mittendrin, statt nur dabei. Außerdem sind es nicht Tausende, sondern Millionen von Menschen[25], welche sich gedanklich mit einem Thema beschäftigen, das auf diese Weise in der Realität manifestiert wird.

So konnte man an einem einzigen Tag den Krieg gegen den Terror manifestieren, der inzwischen Millionen von Menschen das Leben gekostet hat.[26]
So könnte man an einem einzigen Tag auch den Weltfrieden manifestieren. Denk mal drüber nach. Vielleicht verstehst du dann, was ich meine, wenn ich sage, es sei eine coole Sache, wenn wir den eVamps die Kontrolle über diese Medien abnehmen könnten. Das

---

[25] Yogis sind auch nur Menschen.
[26] Bezahlt mit unseren Steuergeldern.

Programm würde sich sofort ändern. Es würde konstruktiv, einend und einen anderen Sinn verfolgend, es würde lebensbejahend und menschenfreundlich sein. Das wäre global wirkende Immunisierung.
Genauso, wie uns täglich eingeimpft wird, warum wir einander nicht trauen sollen, könnten wir uns täglich einimpfen, wie wir uns selbst trauen können. Und das wäre mal eine Änderung, die man auch so nennen könnte. Bis sich dahingehend etwas ändert, ändert sich nämlich auf der Erde überhaupt nichts Wesentliches. Da können wir machen was wir wollen, aber wir bleiben Opfer, so lange wir von anderen abhängig sind. Und ich sage es noch einmal: Diese Abhängigkeit, in der wir uns befinden, ist von den eVamps kreiert, und wir befinden uns nur darin, solange wir unser Leben nach ihren Regeln leben! Wer das nicht glauben kann, ist von Herzen eingeladen, es penibel zu überprüfen.

So ist also die Lage. Doch so wie sie ist, ist sie eben alles andere als hoffnungslos. Es gibt Hoffnung und diese Hoffnung sind wir selbst. Sie liegt darin, den Gehorsam aufzugeben und zu beginnen uns selbst zu trauen. Darin unserem Herzen und unserem Bauchgefühl zu folgen, was tatsächlich unsere natürliche Autorität ist. So, wie das bei jedem Lebewesen, jeder anderen Spezies um uns herum, auch ist[27].

---

[27] Außer bei den domestizierten Arten. Diese zeichnen sich dadurch aus, dass sie eben auch dem Gehorsam verfallen sind und damit ebenso vom eVirus infiziert.

Kapitel 7: Ismen

Wir kamen schon vorher auf eins der Haupt-„Spiele" der Energie-Vampire zu sprechen: Teile und herrsche. Divida et Impera. Wenn zwei sich streiten, freut sich der Dritte. Der Dritte, in diesem Sinnspruch, ist der Energievampir, vor allem, wenn er derjenige ist, der den Streit in die Gänge geleitet hat.

Ein sehr wesentliches, weil wirksames, Werkzeug der eVamps in diesem Spiel, sind Ismen. So wie Sexismus, Rassismus, Speziesismus, Kapitalismus, etc.

Ismen bedingen sich grundsätzlich durch Dogmen. Meist ist das Hauptdogma, dass das, um was es geht, besser ist als alles andere, vor allem aber besser als das Gegenextrem, das in der Regel aufgebaut wird, um eben Streit erzeugen zu können. Spaltung vom Feinsten.

Die tiefste Spaltung, die größte Unterscheidung die es gibt, ist die zwischen Mann und Frau. Diese Trennung allein ist purer Sexismus. Aber das Dogma sagt, dass ein Geschlecht mehr bedeutet, also wertvoller ist, als das andere. Dabei spielt keine Rolle, auf welcher Seite davon man sich an der Sache beteiligt. Feminismus ist nicht weniger sexistisch als die Aussage, Frauen wären Männern gegenüber in irgendeiner Form minderwertig. Die sehr maskulistische Idee des Feminismus stammt laut eigenen Aussagen übrigens auch nicht von Frauen, sondern von Männern, denen auffiel, dass man von

Frauen auch wesentlich mehr Energie ziehen kann, wenn sie auch wählen und arbeiten dürfen, und dann eben auch Steuern zahlen. Diese Männer gehören zum elitären Kreis derer, die sich für Gott auf Erden halten, weil sie uns nicht nur ihr Geld untergejubelt haben, sondern auch gleichzeitig den Umgang damit diktieren: Den Rothschilds und Rockefellers. Sie glauben wirklich, dass Geld die Welt regiert, und sagen das auch so. Wie ein kosmisches Gesetz wirkt dieser Satz auf jeden, der ihn hört. Wie eine Naturgewalt, gegen die man einfach nichts machen kann. Dass nicht wirklich das Geld die Welt regiert, sondern eben der gängige Umgang damit, wird gerne von ihnen verschwiegen. Zu leicht würden wir dann auf die Idee kommen, anders mit Geld umzugehen. Zum Beispiel eigenes zu produzieren, statt ihres zu benutzen. Sehr glaubwürdig haben sie uns verkauft, die Produktion von Geld sei eine Angelegenheit von Regierungen und Staaten, was es eventuell auch mal für eine Weile gewesen sein mag. Doch heute lässt sich kein Geld mehr finden, dass nicht von Banken in Form von Krediten in Umlauf gebracht wurde. In dieser Form eben verzinst und verzinseszinst. Und damit auf unsere Kosten, die uns mitunter das Genick brechen können. Damit wurden wir in die Situation gebracht, uns existentiell bedroht zu fühlen und den Eindruck zu haben, uns vor anderen schützen zu müssen. Innerhalb dieses Denkmodells ist natürlich klar, dass jeder denkt, von anderen um das beneidet zu werden, was man hat. Wie krank!

Ismen sind Werkzeuge, die vor allem über Identifikation funktionieren. Kann man nutzen, muss man aber nicht. Wenn man sie allerdings nutzt, oder sich an der Nutzung beteiligt, indem man sich mit irgendetwas[28] identifiziert, dann sollte man sich dabei vor Augen halten, was das bewirkt. Und sich bewusst machen, dass die Spaltung dadurch auch ins eigene Leben gezogen wird. Je mehr ich mich mit einem Ismus identifiziere, desto stärker fühle ich mich abgetrennt von denen, die das nicht tun. Und weil wir nun mal so gepolt sind, wie wir es sind, fühle ich mich in dem Moment nicht als etwas Schlechteres, sondern etwas Besseres als diese anderen. Genau so funktionieren diese Ismen und genau deswegen gibt es sie.

Bekennt sich wer zu einem Ismus, wird er ein Ist. Ein Sexist, Rassist, Kommunist, etc. Sind wir ein Ist, sind wir aber genau dadurch nicht mehr wir selbst, und genau das sollte uns sehr nachdenklich machen. Wir sind einfach nicht mehr frei in unserem Verhalten, wenn wir als Ist nach den Dogmen eines Ismus leben. Im Gegenteil: Dadurch sind wir im Extremfall so weit weg von uns selbst, dass wir im Namen dieses Ismus bereit sind, Andersdenkende zu töten. Das Dogma ist wichtiger, als alles. Es einzuhalten wird zum höchsten Credo unseres Lebens. Das wird vor allem dadurch begünstig, dass unsere Verstände darauf programmiert

---

[28] Irgendetwas, meist von anderen angebotenem.

sind, recht zu behalten. Fühlen wir uns im Unrecht, fühlen wir uns unsicher. Also tun wir alles, was nötig ist, um uns im Recht zu wähnen.

So stehen sich in Kriegen zwei, oder mehr, Parteien gegenüber, auf derer aller Seiten alle jeweils davon überzeugt sind, zu den Guten zu gehören und die Bösen zu bekämpfen. Auf diese Weise haben unzählig viele von uns ihr Leben gelassen, das andere genommen haben. Wie widersinnig das alles ist, sieht man, wenn man einfach mal darüber spricht. Deswegen wird innerhalb einer, durch einen Ismus bedingten, Glaubensgemeinschaft über so etwas auch nicht gesprochen. Wären wir uns über diesen Widersinn im Klaren, wäre die Bereitschaft, einander zu töten, zu gering, um es zu tun.

Ob es nun die Spaltung zwischen Mann und Frau, Mensch und Tier, Nationalitäten, Religionen, sozialen Abstufungen oder profanen Dingen wie Fußballvereinen oder Fernsehsendungen ist: Alles, was ein Für und Wider birgt, kann und wird dazu genutzt werden, Stress zu verbreiten. Zum einen fühlen wir uns geborgen in Gruppen, zum anderen gibt es kaum welche, zu denen wir uns zugehörig fühlen können, ohne dabei zu lernen, wer unser Feind ist. Etwas, das uns mal alle geeint hat, existiert in der westlichen Welt als solche Form des Zusammenlebens heutzutage überhaupt nicht mehr: Die *Familie*. Vor Zeiten mal genau die Institution, die uns vor allem Ungemach in der Welt um uns herum geschützt hat. Hier fanden wir ein Zuhause, Trost, Stärkung, Aufbau, Lebensfreude und gute, wohlwollende Gesellschaft, in der wir ein ebenbürtiger Teil waren. Diese Institution ist systematisch ausgehebelt und aus der Welt geschafft worden. Die Familienstrukturen, die es noch gibt[29], werden infiltriert und infiziert. Das System kann diese Familienverbände nicht brauchen. Sie arbeiten gegen die Absicht der eVamps, unsere Aufmerksamkeit[30] auf *sie* zu lenken. Und so sind auch solche Familien heute zerfressen von Ismen, ideologischen Dogmen und damit vom eVirus. Natürlich gibt es Ausnahmen, aber die bestätigen eben die Regel.

Hauptsache bei alledem ist, dass niemand mehr in der Lage ist, einfach sein Leben entspannt zu verbringen, der nicht den Weg eines Einsiedlers wählt und in den Wald zieht oder so etwas. Selbst die, die gelernt haben, andere Spiele zu spielen, werden vom Virus ständig angegriffen, sobald sie auf infizierte Menschen treffen. All das lenkt von einem ganz wesentlichen Punkt ab: Nämlich dem, das wir alle zusammen die Menschheitsfamilie sind. Innerhalb dieser großen Familie könnten wir uns gegenseitig wie Geschwister behandeln. Auf Augenhöhe und im Miteinander. Aber geboren in dieses infizierte System hat keiner von uns gelernt das so zu sehen. Sondern eben alles, was nötig war, um genau das zu übersehen.

---

[29] Ich rede nicht von alleinerziehenden Müttern, sondern meist nicht-deutschen Großfamilien.
[30] Und damit unseren Energiefluss.

Kapitel 8: Die Menschheitsfamilie

Streng katholisch erzogen habe ich von Kind an gelernt, dass wir alle Geschwister sind. Selbst Jesus von Nazareth hat alle und jeden um sich herum immer wieder mit „Bruder" oder „Schwester" angesprochen. Während er selbst nie gefordert hat sich vor ihn hinzuknien und ihn anzubeten, weist er mit dieser Anrede auf die Seitenlinie hin. Vor Gott sind wir alle gleich. Sogar er. Niemand ist mehr wert als irgendjemand anderes, und niemand hat das Recht, über irgendjemand anderen zu bestimmen.

Die Ismen haben es ermöglicht, uns gegeneinander aufzubringen und von dieser Wahrnehmung Abstand zu gewinnen. Wir haben uns verkaufen lassen es gäbe andere als uns, und zwar untereinander. Bis auf die Knochen haben wir uns täuschen lassen und sind in zahlreichen Kriegen und Fehden aufeinander losgegangen.

Doch unterm Strich gibt es ganz wesentliche Dinge, die uns einen, die wir alle gemein haben. Wir alle tun, was wir können, um ein möglichst angenehmes und stressfreies Leben zu leben. Wir alle wollen in Ruhe mit unseren Liebsten in Wohlstand und Freude leben. Wohlstand hat hierbei nichts mit überschwänglichem Reichtum zu tun, sondern einfach damit, dass wir uns wohlfühlen.

Mit mitunter sehr beschränktem Horizont tun wir dafür alles, was uns nötig erscheint. Genau das wissen eVamps sehr zu nutzen, indem sie Probleme wie kleine Pflänzchen zwischen uns setzen, die zu lösen wir dann angehalten sind. Meist in der Vorausschau auf irgendeine Zukunft, in der das Problem dann nicht mehr besteht. Genau das ist die Krux: Solange wir nicht lernen, im Moment zu leben, und diese Probleme im Hier und Jetzt nicht als solche zu sehen, wird es keine Zukunft geben, in der wir das können. Das klingt etwas schwer verständlich. Doch es ist genau so: Lernen wir nicht endlich im Einklang mit allem was ist zu leben, können wir für die Zukunft darauf hoffen, dass wir das mal können, bis wir schwarz werden. Es wird ohne das niemals dazu kommen. Und die eVamps tun alles dafür, dass wir es nicht lernen!

Mit dem Wissen darum braucht uns das aber nicht mehr weiter zu stören und wir können mit der Umsetzung anfangen. Gleich hier und jetzt. Wir können in diesem Moment anerkennen, dass alle Menschen[31] unsere Geschwister sind! Dass es darunter nicht einen einzigen Gegner gibt, den es zu bekämpfen gilt. Und das gilt auch für die eVamps, die zu unserer Menschheitsfamilie nun mal ebenso dazugehören. Auch sie können lernen, dass es anders geht, aber nicht, indem wir es von ihnen erwarten. Der beste Weg, da

---

[31] Und Tiere und Pflanzen.

hinzugelangen, ist, es ihnen vorzuleben und dabei ihre Vorstellungen davon, wie wir uns zu verhalten haben einfach mal zu ignorieren. Noch einmal: Gesunde Ignoranz ist ein Heilmittel und hat nichts mit Bekämpfung zu tun. Um zu bekämpfen müssten wir sie ja erst einmal als Gegner oder Feinde sehen, stattdessen sehen wir sie als Geschwister, die gerade etwas von uns wollen, das wir aber nicht wollen und deswegen auch nicht tun. So nähern wir uns wieder uns selbst und können mehr und mehr auch wieder eigenständig leben. Eigenständig in Form von Selbstbestimmung im Miteinander.

Erst wenn wir in uns selbst die Augenhöhe wiedergefunden haben, können wir hoffen, dass andere das auch tun. Bis dahin ist nichts anderes zu erwarten, als das, was wir kennen: Gehorsam und das Leben, das sich aus ihm ergibt.
Die meisten von uns würden aber gerne ein Leben leben, das sich aus unseren eigenen Vorstellungen und dem Konsens mit unserem Umfeld ergibt. Logischerweise erfordert genau das aber eben unseren eigenen Vorstellungen zu folgen, statt irgendwelchen Befehlen oder Vorgaben.

Nicht zuletzt aus diesem Grund würde ich zu gerne wissen, wie die Welt um uns herum aussähe, wenn wir die, von oben herab verfügten, Maßnahmen zur Corona-Bekämpfung eintauschen würden, gegen das, was wir selbst für sinnvoll befinden. Ohne dabei von anderen zu erwarten, dass sie dabei auch unseren Vorstellungen folgen. Wer weiß, ob unsere sich nicht ganz schnell auch ändern, wenn wir sehen, dass andere noch ganz andere Ideen haben, die wir gerne übernehmen, weil wir sehen, was sie bewirken. Derweil tun alle einfach, was die Politiker sagen und niemand hat die Möglichkeit, irgendetwas voneinander zu lernen. Bis auf eben weiterhin blinden Gehorsam zu leisten, der auf Angstmache basiert.

Im Miteinander wären wir so viel besser darin Probleme zu lösen, als im Gegeneinander. Deswegen sollten wir in eigenem Interesse aus unseren auferlegten Sichtweisen treten, die uns immer weiter im Clinch mit anderen liegen lassen. Ja, es fällt schwer, den Erzfeind als Bruder zu sehen, aber es wird ja auch nicht verlangt, gleich sein Freund zu sein. Das ist überhaupt nicht nötig. Es wird immer Mitmenschen geben, die uns mehr zusagen als andere. Es wird immer Geschwister geben, die wir nicht so mögen wie andere. Aber müssen wir diese dann gleich anfeinden und bekämpfen? Nein. Müssen wir nicht. Wir können sie einfach künftig im Vorbeigehen nett grüßen und sie einfach ihr Ding weitermachen lassen. Je mehr von uns das tun, desto weniger Macht über das Geschehen haben eVamps. Auf diese Weise sind sie nach und nach auch gezwungen, sich mal endlich mit sich selbst zu beschäftigen und ihre Fähigkeit zu lieben wiederzufinden und zu trainieren.

Erkennen wir die Menschheit in uns selbst wieder als unsere Familie an, kann uns das tatsächlich nur mehr helfen als schaden. Wir sollten es in eigenem Interesse tun, und nicht, weil das hier oder sonst wo steht. Dennoch hilft es sehr, zu wissen, wo man weitere Inspirationen zum Thema findet.[32]

Uns wieder als eine Einheit zu sehen und zu erkennen ist übrigens der schnellste und einfachste Weg, aus den Spielen der eVamps auszutreten und zu beginnen, bewusst andere Spiele zu spielen. Der eVirus hat ausschließlich da eine Möglichkeit zu infizieren, wo wir uns nicht als diese Einheit empfinden, sondern eben gespalten und getrennt. Genau das macht uns schwach und angreifbar. Doch diese Heilung muss in uns selbst stattfinden, die kann uns nicht von außen gebracht werden. *WIR* müssen uns wieder als Teil von *ALLEM* erkennen.

---

[32] *An dieser Stelle möchte ich die Vorträge des Historikers **Dr. Daniele Ganser** empfehlen, die zum einen sehr dabei helfen, den Kopf aufzuräumen und Klarheit über Spielchen der eVamps zu bekommen und wie sie funktionieren, zum anderen immer wieder die Erinnerung daran enthalten, dass wir eben Teil dieser Menschheitsfamilie sind. Dazu muss man einfach den Namen bei YouTube eingeben und hat sofort Zugang. Bis man es verinnerlicht hat, kann man es nicht oft genug hören. Das ist bei allem so, was man lernt.*

Kapitel 9: Wa(h)re Autorität

In unserer vom eVirus verseuchten Welt ist Autorität zu einer Ware verkommen. Wie im Wahn buhlen Menschen um Macht über andere. Manche brauchen die Macht über ein ganzes Land, um sich wertvoll zu fühlen, andere über die ganze Welt. Aber keiner von denen ist besser oder schlechter als jeder, der nach Macht über einen einzigen anderen Menschen trachtet. Sie alle sind einfach nur eVamps.

Wahre Autorität kommt von innen. Unser Gewissen ist die entscheidende Macht, die uns wissen lässt, was richtig und was falsch ist. *Unser reines Gewissen erlaubt uns etwas und unser schlechtes Gewissen verbietet uns anderes.*[33]

Wie konnte es nur dazu kommen, dass wir uns weltweit haben davon überzeugen lassen, dass ein paar andere besser für uns sorgen können als wir selbst? Dass andere bessere Entscheidungen treffen können, die unser eigenes Leben betreffen? Als sei es gesund und

---

[33] Mein Dank für diesen klaren und einfachen Satz geht an **Meike Büttner**, die sich in ihren aktuellen YouTube-Videos mit annähernd den gleichen Themen beschäftigt. Ich empfehle von Herzen, ihren Kanal „BÄMM" zu abonnieren! Jahrelang habe ich versucht, es so klar auszudrücken, aber brauchte sie, um es zu können. Liebe Grüße, Meike, und Danke für so manches!

hilfreich, die Macht über uns anderen zu übergeben und nach deren Pfeife zu tanzen.[34]

Doch egal was passiert ist, damit es dazu kam:

Uns sollte vor allem interessieren, wie wir das wieder ändern können. Und die Lösungen liegen auf der Hand:

Wir sollten ganz bewusst unser Gewissen wieder zu Rate ziehen, egal worum es bei jedem Einzelnen von uns gerade geht. Wir sollten lernen ihm wieder zu vertrauen. Denn unser Bauchgefühl trügt uns nicht. Es verfolgt keine Eigeninteressen und genau deswegen steht es so oft im Konflikt mit unserem Kopf, der eben genau das tut.

Timothy Leary beschreibt in seinem Buch „Info-Psychologie" die Funktionsweise von Konditionierung. Er betont immer wieder, wie wichtig es ist, Konditionierungen aufrechtzuerhalten, damit sie wirken können, weil sich die natürliche Prägung durchsetzt, sobald die Konditionierung abbricht.

Dieses Wissen gibt uns Anhaltspunkte in Bezug darauf, was wir machen können. Wir können beispielsweise bewusst aufhören, die Medien zu konsumieren, die das Haupt-Konditionierungs-Werkzeug der mächtigsten eVamps sind. Täglich befeuern sie unsere Köpfe mit Gift

---

[34] Auch dazu finden sich viele Antworten in den Videos von Meike.

und spaltenden Ideen, die dann in uns wirken und bewirken, dass wir in der Welt der eVamps leben und diese für einzig real halten. Dabei könnten wir in einer solch andersartigen Welt leben, wenn wir unsere Köpfe mit anderem Futter füttern würden.

Wir können weiterhin bewusst aufhören uns tagtäglich auf irgendwelches Gegeneinander und Streit einzulassen. Allein das würde einen immensen Unterschied in unserer Wahrnehmung der Welt bedeuten. Und das wäre wiederum eine Basis für ein völlig anderes Leben.

Wir können anfangen uns selbst wieder zu trauen. Uns selbst als Individuum, aber eben auch uns selbst als Menschheitsfamilie. Wir haben so viel mehr drauf, als die meisten von uns denken, und es ist traurig bis tragisch, dass wir ein so schlechtes Bild von uns selbst und voneinander haben. Außerdem ist es sehr ärgerlich, wenn man bedenkt, dass wir dieses Bild haben, weil wir es uns haben einreden lassen!

Demnach können wir beginnen, uns unser eigenes Bild von allem zu machen, ungeachtet dessen, wie andere gerade irgendwas sehen. Real wird alles davon, und zwar in unseren Köpfen. Letztlich bleibt es unsere eigene Entscheidung, welches Bild wir für uns als passend und sinnvoll anerkennen. Wichtig ist dabei, aus dem eigenen Bild keine Religion zu machen und es niemand anderem aufzudrängen. Aufdrängen ist eVirus! So etwas haben freie Menschen nicht nötig.

Wir sollten aufhören, die Macht über uns wie Ware zu behandeln, die an den Meistbietenden verscherbelt wird. Diese Macht ist keine wahre Macht. Diese Macht beruht auf Angst und Gewalt, auf Gehorsam und sehr viel Leid. Sie ist instabil und für viele sehr verwirrend. Sie nötigt uns dazu, gegen unser Gewissen zu handeln und zu leben. Allein das bedeutet für die meisten von uns ein Leben, das wir so gar nicht als lebenswert empfinden. Wir arrangieren uns irgendwie damit und versuchen darin irgendwie zu überleben, aber mit *Leben* hat das alles nicht das Geringste zu tun.

Unser Gewissen ist wahre Macht. Es ist unbestechlich und knallhart ehrlich. Und es ist genau das, was eVamps fehlt. Das sollte uns nicht daran hindern, unseres wieder als unsere Autorität anzuerkennen, sonst bleiben wir in dem für uns entworfenen Hamsterrad gefangen. Wir haben ein solches Gewissen und sollten uns nicht davon abhalten lassen, davon Gebrauch zu machen. Man kann es auch Bauchgefühl nennen, oder innere Eingebung. Doch egal, wie wir es nennen, wichtig ist für die meisten, es erst einmal wieder wahrzunehmen und zu lernen ihm zu folgen. Was in der Welt, in die wir geboren wurden, systematisch unterbunden wurde. Das würde uns zu eigenständigen

Menschen machen, zu Souveränen, die ihr Leben selbst in der Hand haben.

Viele können sich das nicht einmal von sich selbst vorstellen, geschweige denn, von der gesamten Familie. Das zeigt aber nur, wie emsig die eVamps an ihrer Sache gearbeitet haben. Unsere Selbstbilder sind bei weitem nicht das, was sie sein könnten. Sie sind das, was durch Konditionierung aufgebaut wurde, und genau das lässt sich zum Glück sehr leicht ändern. Man muss damit einfach nur einmal anfangen, dann passiert das mit der Änderung ganz von allein automatisch mit. In welche Richtung, kann dann jeder von uns für sich selbst beobachten, und dabei darf man sich durchaus gerne etwas Zeit lassen. Es wäre töricht zu denken, das ließe sich von einem Tag auf den anderen von einem Extrem ins andere ändern. Zeit spielt auch hier eine große Rolle, aber eilig sollte man es nicht haben. Solche Änderungen im Leben sollte man gewissenhaft vornehmen, mit dem nötigen Ernst bei der Sache und der nötigen Zeit. Doch wer einmal anfängt, wird sehr schnell Änderungen bemerken. Und jede davon wird wie ein Meilenstein wirken, der uns auf unserem Weg bestätigt und ihn uns weiter gehen lässt.

Viele von uns wissen, dass ihr Verhalten nicht wirklich anständig ist, andere haben keinen Schimmer davon. Deswegen sollten wir uns selbst nicht darum kümmern, wie andere ihren Weg gerade gehen. Viele gehen den ihnen vorgegebenen Weg in voller Überzeugung, und das ist nach dem, was in diesem Buch geschrieben steht, auch logisch erklärbar. Jeder von uns sitzt anders in der Tinte, die einen mehr, die anderen weniger.

Retten kann sich aber nur jeder selbst. Nur dann, wenn wir um Hilfe gebeten werden, können wir hier und da auch anderen helfen. Aber auch nur dann. Dabei bleibt offen, inwiefern die Hilfe auch angenommen wird, oder ob sie auch wieder nur ein Schrei nach Aufmerksamkeit war. Wir erkennen es sehr schnell, wo unsere Hilfe angenommen wird: Da fühlt man sich selbst besser und bekommt Energie zurück. Kostet uns unsere Hilfe Energie, dann sind wir an der falschen Stelle und sollten zusehen, dass wir uns schnellstmöglich befreien, sonst brauchen wir ganz schnell wieder selbst Hilfe.

Es ist kein Problem Hilfe zu brauchen. Das wird es wieder nur an der Stelle, wo wir andere dazu nötigen uns zu helfen. Dann sind wir eVamps. Ansonsten ist es überhaupt kein Problem, um Hilfe zu bitten, klar auszudrücken, was genau man braucht, um weiter zu kommen, und dann dankbar anzunehmen, was einem freiwillig angeboten wird. Was in der Regel reichlich ist. Es kommt nur oft aus Ecken, aus denen wir es überhaupt nicht erwartet hätten, während die, denen wir schon so oft geholfen haben, sich bedeckt halten können.

Kapitel 10: Angst, Verzweiflung und Mut

Sollte es in diesem Buch noch nicht ausreichend erwähnt worden sein, hier das ganz Wesentliche über den eVirus noch einmal ausdrücklich:

> *Das eVirus und alles, was damit zu tun hat, basiert auf* ***Angst****.*

Die Angst ist, was bleibt, wenn die Liebe fehlt, und sie hat ein paar Töchter: Unsicherheit, Verlegenheit, Wut, Verzweiflung, Ausgrenzung, Unfairness, Gier, Sorge, Hass, Missgunst, Hilflosigkeit, Egoismus, Terror, Machthunger und Unfrieden. Um nur ein paar zu nennen. Durch all diese Dinge spricht die Angst und ohne Angst bleibt nichts davon.

Angst kann man so ziemlich vor allem haben. Vor Höhen/Tiefen, lautem Krach, dem Nachbarn, der Schule, dem Versagen, den Strafen, den Spinnen und anderem Getier, dem nicht-geliebt-werden und so weiter. Diese Liste lässt sich wahrscheinlich endlos fortsetzen.

Dabei sind lediglich die beiden erstgenannten natürliche Ur-Ängste: Die vor dem Fallen aus hohen Höhen in tiefe Tiefen und die vor lautem Krach. Ironischerweise sind genau diese in unserer Welt die, die wir längst zu beherrschen gelernt haben. Kaum noch jemand läuft schreiend davon oder erstarrt, wenn er einen lauten Knall hört. Bestenfalls erschreckt man und dann geht das Leben auch schon weiter. Wenn man sich Bilder von Bauarbeitern ansieht, die in höchsten Höhen gelassen auf einem Metallträger frühstücken, sehen wir, dass zumindest viele von uns auch die Angst hinter sich gelassen haben, durch einen Sturz in die Tiefe zu sterben.

Alle anderen Ängste sind erfundene, meist explizit designte Ängste! Vor allem eine, die all diesen Ängsten zugrunde liegt: Die Existenzangst. Die bloße Angst, in irgendeiner Form vom Universum oder Gott vergessen zu sein und im Leben irgendwie zu kurz zu kommen. Eine Idee, auf die nur ein eVamp gekommen sein kann.

Die Angst ist das größte und wesentliche Werkzeug der eVamps und der eVirus. Sie spricht deutlich ihre Sprache und sie kennen selbst nichts anderes. Sie haben aber gelernt, sie für sich zu nutzen, um Macht über andere zu erlangen. Angst ist regelrecht ansteckend, wenn man sie schürt, statt gegen sie anzugehen.

Ist man ausreichend lange und intensiv der Angst unterlegen, führt das unweigerlich zur Verzweiflung. Und die kann einen regelrecht lebensmüde machen. Und sehr dumm. Aus Verzweiflung haben wir in der Vergangenheit die dümmsten und größten Fehler unserer Leben gemacht. Man kann auch aus anderen Gründen grobe Fehler machen, aber die, die aus irrationalen Gründen der Angst gemacht wurden, hinterlassen meist die dicksten Narben.

In den meisten Fällen basiert die Angst, die wir empfinden, auf Lügen. Auf einer verzerrten Wahrnehmung der Wahrheit, die dann zu unserer Realität wird. Das wiederum führt zu einem massiven Verlust an Selbstsicherheit und ohne Selbstsicherheit aus der Verzweiflung heraus zu kommen, ist so gut wie unmöglich.

Doch genau dieser Verzweiflung entspringt kurioserweise der Mut Dinge zu ändern. Manchmal kann man gar nicht genau definieren, ob man nun ausreichend mutig oder verzweifelt ist, eine Lösung umzusetzen, um ein Problem aus der Welt zu schaffen.

Beispiel:
Langsam sollten wir uns mal bewusst machen, dass wir unser Leben lang darauf konditioniert worden sind, externe Autoritäten zu brauchen, um unsere Probleme zu lösen. Während die meisten Probleme, die wir haben, von genau diesen Autoritäten erschaffen werden. Und was das in der Konsequenz für uns alle bedeutet. Wie wär es mal wieder mit ein wenig Vertrauen in uns selbst???

Es bedarf einer großen Menge Mut, etwas zu tun, das eVamps überhaupt nicht können: Für sich selbst und sein Verhalten einzustehen und die volle Verantwortung dafür zu übernehmen. Vor sich selbst und der Welt aufrecht zu stehen, ohne für irgendetwas einen Schuldigen zu brauchen.

An dieser Stelle möchte ich erneut auf Meike Büttner verweisen, die sich den Themen in ihren Videos[35] mit einem kampfrufgleichen Slogan in die anzugehende Sache stürzt:

Durch die Angst ins Vergnügen!

Ja, Angst begegnet uns immer wieder. Begegnen wir ihr allerdings mit Interesse, statt mit weglaufen und Haare raufen, geben wir uns die Möglichkeit, von ihr zu lernen. Von ihr, oder dem, das sie in uns auslöst. In den allermeisten Fällen überleben wir das nicht nur, sondern gehen geläutert und gestärkt aus der Situation hervor. Man könnte auch sagen: Daran gewachsen!

Von den damit in Verbindung stehenden Erfolgserlebnissen schneiden wir uns durch panisches Weglaufen oder Angriff sehr effektiv ab. Bedeutet: Wir haben diese Erfolgserlebnisse nicht, und können so auch nicht daran wachsen. Wir bleiben klein und fühlen uns ohnmächtig und hilflos. Genau das sollen wir auch,

---

[35] Die zumeist alles andere als leichte Kost sind.

damit wir möglichst leicht manipulierbar, kontrollierbar und energetisch aussaugbar bleiben.

Wir haben alle unsere Ängste, weil wir auf „Angsthaben" konditioniert worden sind, und das im Regelfall unser ganzes Leben lang. Aber weiter darunter leiden brauchen wir nicht. Wir können anfangen, diese Ängste zu nutzen, durch sie zu lernen und sie so für uns selbst arbeiten zu lassen. Dabei wird man merken, dass man sehr schnell immer weniger ängstlich ist, und die Angst in sich selbst, und in uns selbst, ihre Form und Erscheinung, vor allem aber ihre Wirkung, verändert. Sie macht immer noch das, was sie macht, aber in die andere Richtung. Und so wird es nicht lange dauern, bis die Angstmacher ihre Angst mit voller Wucht zurückbekommen. Wie ein Bumerang, der zurück kommt, wenn er nicht irgendwo stecken bleibt.

Diese Bumerangs sind ein wesentliches zu beobachtendes Phänomen in diesem Spiel. Alles was wir tun, kommt unweigerlich auf uns zurück. Manchmal über so viele Ecken, dass wir gar nicht bemerken, dass der Dämpfer, den wir gerade erhalten haben, die Folge unseres eigenen Verhaltens, also unseres eigenen Wurfes, ist.[36] Erkennt man das einmal, überlegt man sich automatisch, ob man eine solche Ladung Energie nochmals abwirft oder lieber doch nicht. Aber auch dazu braucht es eben erst die selbst gemachte

---

[36] Frei nach dem Motto: Karma is a bitch only when you are.

praktische Erfahrung, um zu verstehen, dass das Ungemach eigener Handlungen folgt, wie eine Erkältung einer Wanderung durch eine sibirische Winterlandschaft in einem T-Shirt und Unterhose.

Aber von genau diesen Dingen hätten die eVamps gerne, dass sie uns niemals bewusst werden. Sie funktionieren nämlich nur, wenn wir uns entsprechend verhalten. Sprich: so wie Energievampire, auch wenn wir selbst eigentlich gar keine sind. Genau das ist das Problem und für mich der Grund, dieses Buch zu schreiben. Denkanstöße wie die in diesem Buch zusammengetragenen findet man leider nicht an jeder Ecke am Zeitungskiosk auf den Titelblättern der Tagespresse. Genau diese Denkanstöße findet man da eben *explizit* nicht! Dafür eben alles nur erdenklich mögliche andere, das genau davon ablenken soll. Tag für Tag für Tag neu.

Konditionierung funktioniert immer nur, so lange sie betrieben wird. Endet die Konditionierung, setzt sich ganz schnell wieder die natürliche Prägung durch, schreibt T. Leary in seinem Buch „Info-Psychologie". Ich habe trotz langjähriger Beobachtungen nichts gefunden, das seine Worte Lügen strafen würde. Aber das wissen auch die mächtigen eVamps und lassen uns nach Möglichkeit keinen Tag, keine Stunde, nicht einmal eine Minute Verschnaufpause. Täglich wird ein immenser Aufwand betrieben, uns weiter im Stress und in Angst zu halten.[37]

Doch genau diese Zeit, die wir für uns brauchen und dazu wieder zur Besinnung zu kommen, können und sollten wir selbst uns nehmen. Das bedeutet zwar genau genommen schon Ungehorsam, ist in Bezug darauf aber schon mal ein akzeptabler Anfang.

Einen Spaziergang im Wald den täglichen Nachrichten vorzuziehen, ist ein Punkt, der aufs Konto einer lebenswerten Welt geht und auf diese Weise dem Konto des eVirus fehlt. Ein Tropfen auf einem heißen Stein, aber eben der Anfang eines möglichen Platzregens. Genau diese Gefahr besteht für die eVamps grundsätzlich. Eindeutig deswegen haben sie genau davor so viel Angst, dass sie alles tun, was ihnen einfällt, einen solchen Platzregen zu verhindern. Die Tropfen auf dem heißen Stein sind schon etwas, das ihnen das Blut in den Adern gefrieren lässt. Die Vorstellung an einen Platzregen bringt sie fast um. Und dennoch lassen sie sich durch ihre Angst eben auch nicht davon abhalten, zu versuchen, das für sie Schlimmste zu verhindern. Was allerdings für uns das Beste wäre. Wir sollten und deswegen fragen, ob wir fortan weiter ihnen dienen oder uns unseren Ängsten stellen[38] und zusehen, dass wir das für uns Schlimmste

---

[37] Egal vor was wir dabei Angst haben.
[38] Wodurch sie sich auch ihren Ängsten stellen müssen.

endlich mal aus der Welt schaffen: Diese alles erdrückende und zerstörende Fremdherrschaft. Nur weil wir unser Leben lang darauf konditioniert worden sind, uns unsere Leben von fremden Autoritäten diktieren zu lassen, ist das kein Grund, das auch weiterhin so zu machen.

Ja, sie haben Angst in uns geschaffen. Angst davor, etwas anders zu machen, als von ihnen vorgegeben. Doch wenn diese Angst nicht mehr die von ihnen gewünschte Wirkung hat, weil wir aus uns heraus begonnen haben, diese Angst ab hier für uns selbst zu nutzen, war all ihre Anstrengung umsonst.

Kapitel 11: Der Tod

Es mag verwundern, dass der Tod hier als etwas den eVirus betreffendes in den Fokus rutscht. Abgesehen davon, dass das vom eVirus infizierte Leben extrem tödlich ist, und der Tod selbst doch etwas sehr natürliches zu sein scheint.

Relevant wird er an dieser Stelle, wenn man sich weniger mit dem Tod selbst auseinandersetzt, sondern mit den doch sehr unterschiedlichen Umgangsformen mit ihm. Und die gehen sehr weit auseinander. Wo der Tod eines Menschen von liebenden Verbliebenen betrauert wird, wird an anderer Stelle die Zeit gefeiert, die man mit dem Verschiedenen bis dahin teilen durfte.

In den meisten Fällen wird der Tod aber vor allem als etwas sehr Endgültiges und Trennendes empfunden, und das ist alles andere als natürlich. Vorrangig in Gesellschaften, in denen Reinkarnation bestenfalls eine Theorie ist, wenn nicht gar einfach abgestempelter Blödsinn. An solchen Orten wird der Tod eben als etwas Schreckliches empfunden, eben weil er so schmerzvoll mit Trennung behaftet ist.

Ist etwas tot, dann ist es meist unwiederbringlich *weg*. Es ist Teil der Vergangenheit und die Zukunft sieht ohne sehr düster aus. All das hat allerdings nicht das Geringste mit dem Tod selbst zu tun, sondern eben ausschließlich damit, wie wir ihn wahrnehmen. Nehmen wir ihn als etwas endgültig Trennendes und zu Betrauerndes wahr, dann wird auf diese Weise genau *das* zu unserer Realität. Ob wir das aber tun oder nicht, kann uns niemand vorschreiben. Genau hier bewegen wir uns auf dem Gebiet, in dem „die Gedanken frei sind"! Demnach können wir hier in uns selbst entscheiden, *wie* wir *was* wahrnehmen. Dieser Entscheidung folgt die real erlebte Konsequenz, als was genau wir den Tod oder überhaupt irgendetwas anerkennen. Alles was wir wahrnehmen, wird für uns erst durch unsere eigenen Interpretationen dessen, was wir wahrnehmen zu dem, was wir dann als Realität erleben. *So* formen unsere Gedanken unsere Realität, was den meisten Lesern dieses Buches sicher auch schon untergekommen ist.

Und so stelle ich eine Interpretationsmöglichkeit in den Raum, durch die ich persönlich einen völlig anderen Bezug zum Tod bekommen habe, und vor allem zum Umgang mit dem Verlust geliebter Verstorbener:

Ich verwende seit geraumer Zeit schlichtweg das Adjektiv „tot" nicht mehr. Eben *weil* es so endgültig trennend behaftet *ist*. Es fällt selbst mir schwer, mir unter „tot" etwas anderes bildlich vorzustellen, als das, was ich gemeinhin damit zu verbinden gelernt habe. Ich habe in meinem internen Menü den Punkt aufgerufen, an dem das Wort „tot" definiert steht, und auch, wann

und wie es im Unterbewusstsein verankert einzusetzen ist. Ich habe es gänzlich gelöscht und durch ein simples anderes Wort ersetzt: „woanders".
Der Effekt ist umwerfend!

Anlass dazu gab mit nicht zuletzt mein treuester Begleiter über die letzten zwölf Jahre, mein vierbeiniger Begleiter mit feuchter Nase: *Tito*.
Ich habe schon viele Verluste hinnehmen müssen, auch Tode geliebter Mitwesen, und hätte nicht gedacht, dass ich unter Titos Tod *so* und *so lange* leiden würde. Über neun Monate war es mir so gut wie unmöglich, von ihm und seinem Ableben zu sprechen, ohne dabei einen Kloß im Hals zu spüren und Tränen in den Augen. Weil ich seinen Tod als sein *Ableben* gesehen hatte. Eben dieses Endgültige.

Seitdem ich diese Einstellungsänderung vorgenommen habe, bietet sich mir ein völlig anderes Bild, das ein völlig anderes Empfinden in mir hervorruft.
Seit ich nicht mehr behaupte, also *„wahrgebe"*, dass Tito tot ist, sondern eben einfach *woanders*, scheint es wohl keinen Grund mehr für Tränen und Klöße im Hals zu geben, denn sie kommen einfach nicht mehr. Und ich wüsste auch nicht, warum sie das sollten, wenn ich gerade effektiv einfach nur wahrnehme, dass Tito *woanders* ist. Dass er woanders ist, war zu seinen Lebzeiten etwas, was mich eher beruhigt als beunruhigt hat, denn ich hätte ihn niemals irgendwo gelassen, wo

ich nicht hundertprozentig davon überzeugt gewesen wäre, dass es ihm da auch gut geht. Tito war ein kleiner Schamane. Er hat bei mir nie Gehorsam zu leisten gelernt, dafür hatte ich einen ebenbürtigen Partner auf Augenhöhe. Ich glaube, das hat uns beiden sehr gut getan und auch sehr gefallen. Auf diese Weise kam es mitunter sogar dazu, dass Tito mich unmissverständlich wissen ließ, wann er an einem Ort, von dem ich gerade aufbrach, noch ein wenig verweilen wollte. Nicht nur, weil es ihm dort gut ging, sondern auch, weil er irgendwie wusste, was für eine Bereicherung er in diesem Moment an diesem Ort war. Und so war es für uns nichts ungewöhnliches zwischendurch physisch getrennte Wege zu gehen. Jedes Mal bekam ich ein Zeichen, wann es Zeit wurde, ihn wieder einzusammeln und dann ging es gemeinsam weiter. Mal war er dabei bei Freunden, mal bei Familie.

Jetzt ist er, wo er jetzt ist, und wie so manchmal, habe ich keine Ahnung, wo genau das ist. Aber mein Vertrauen in das Universum oder Gott ermöglicht mir, zu unterstellen, dass es wie gewohnt so ist, dass er da, wo er jetzt ist, nicht nur nach eigenem Gusto ist, sondern es ihm da auch gut geht. Wie gehabt. Und mein Vertrauen ermöglicht mir darüber hinaus, fest davon auszugehen, dass wir uns irgendwann wieder begegnen. Wie gehabt. Und in meinen Träumen tun wir genau das ständig: uns wiedersehen. Wie gehabt.

So ist Tito für mich gerade genauso woanders, wie er es zum einen zu seinen Lebzeiten immer wieder mal war, wie zum anderen so wahnsinnig viele andere, die tot oder lebendig für mich auch seit mitunter Jahren physisch unerreichbar sind. Wie gehabt.

Vermissen tu ich derweil alle von denen, die gerade für mich physisch nicht erreichbar sind. Egal, wie lange ich sie nicht gesehen habe. Aber weil ich sie nämlich bedingungslos liebe[39], wie den Tito und mich selbst, ist dieses Vermissen ein bittersüßes. Egal wie sehr es beißen kann, so sehr ist es doch genau das, was uns zu liebenden Wesen macht: Genau diese Gefühle für die, die wir lieben, und dass es schmerzvoll sein kann, sie zu vermissen. Aber in der Sekunde, wo man sich auf die Dankbarkeit darüber konzentriert, so etwas überhaupt empfinden zu können, verpufft dieser Schmerz in blanker Ekstase. Purer Lebensfreude.

Ich kann nicht beschreiben, um wie viel dieser eine kleine Perspektivenwechsel mein Leben verändert hat. Es fühlt sich an, als sei ich befreit von einem immensen Ballast, den ich ziemlich lange mit mir herumgetragen habe. Ich fühle mich erleichtert, und seither... glücklicher! Freier. Freier von Sorgen, dummen Gedanken und Gefühlen und vor allem freier von Tränen und Klößen im Hals, bloß weil irgendwer gerade nun mal einfach woanders ist. Das gehört zu einem frei

---

[39] Dazu komm ich später noch.

geführten Leben quasi unabdingbar dazu. Aber genau das beschert auch nachhaltig die Wahrnehmung von Wertschätzung im eigenen Leben. Genau durch sowas ist es dazu gekommen, dass nichts und niemand mehr für mich selbstverständlich ist. Ich bin in jeder Sekunde dankerfüllt, wenn ich Zeit mit meinen Liebsten verbringe, zum Teil auch nur sehr kurze, aber dafür qualitativ sehr wertvolle. Einen Zeitraum, in dem man in erstaunlich kurzer Zeit erstaunlich tiefgehen kann und an Punkte gerät, in denen das Leben in diesem Moment zeigt, warum es sich zu leben lohnt. Indem man einfach die Spielregeln ein wenig anpasst.

Ich habe dazu nichts Übermenschliches bewerkstelligen brauchen. Alles dazu nötige habe ich einfach in meinem Kopf regeln können. Mit unvorstellbaren Auswirkungen auf mein Leben. Und ich bereue seitdem nichts und bin dankbar für meine Wirkung im Innern. Und wenn du es einfach nur zulässt, dann passiert dasselbe in deinem Leben.

Die Angst vor dem Tod ist quasi die Mutter aller Ängste geworden. Blanke Ironie! Ich hoffe, dem einen oder anderen geholfen zu haben, diese Angst in sich in etwas anderes zu transformieren. Sie sich zu einem Werkzeug werden zu lassen, das im Leben ein sehr hilfreiches ist. Für das man dankbar ist, wenn man es hat, und es sinnvoll zu nutzen weiß.

Carlos Castaneda beschreibt in seinen Aufzeichnungen über die Begegnungen mit Don Juan, wie dieser ihm erklärt, den Tod als Begleiter und Berater im Leben zu nutzen. Und vor ihm seinen letzten Tanz zu tanzen. Das ist tatsächlich alles viel umsetzbarer, als es erst einmal klingt. Dazu bedarf es lediglich, mit dem Tod selbst ein wenig anders umzugehen, als wir es gelernt haben.

Ist natürlich aber auch geschickt eingefädelt, nicht wahr? Uns Angst vor dem zu machen, was für jeden von uns unumgänglich scheint, und das dann auch noch mit endgültiger Trennung von allem zu tun hat. Und genau das ermöglicht, dass wir uns von allem getrennt fühlen, während wir auf den Moment des Unausweichlichen warten. Statt eben zu leben. Damit uns der Tod aus diesem Leben[40] begleiten kann, und nicht im Wartezimmer abholen muss. Wo wir in banger Erwartung und zäher Verdrängung eben nicht leben, sondern versuchen, so viel wie möglich aus unserem, vom sicheren Tod bedrohten, Leben herauszuholen. Siehst du, wie quer das alles gedacht ist? Man verliert sich. Man sollte leben, und wir *denken*, wir tun das, tun das aber leider nach Vorgabe anderer[41] und tun es genau dadurch eben *nicht*. Jedenfalls nicht wirklich für uns. Wir sitzen im Wartezimmer auf den Tod und im Rahmen dessen bewegen wir uns. Das hat nicht wirklich

---

[40] Gemeint ist damit diese Inkarnation, diese „Fleischwerdung", nicht das Leben selbst.
[41] Und eben in der Angst vor dem Tod.

mit Freiheit zu tun. Wer wirklich lebt, braucht keine Angst vor dem Tod zu haben. Und wer Angst vor dem Tod hat, der sollte sich bewusst machen, dass ihn genau diese Angst am wahren Leben hindert. Leben bedeutet, zu jedwedem Zeitpunkt, dem Tod ins Auge zu sehen. Da kann man sich aus Vorsicht verstecken, so lange man will. Ist deine Zeit gekommen, wird der Tod dich schon finden, egal wo du bist, keine Sorge!

Die hier wesentliche Frage ist, ob du es bist dahin auch geschafft hast, *dich zu finden*. Oder dich eben gar nicht finden konntest, weil du eben gar nicht du selbst warst, sondern dein Leben lang jemand, der so war, wie man ihn haben wollte. Jemand, der dazugehören wollte und sich deswegen so verhalten hat, wie alle anderen, statt eben einfach *frei* und nach Lust und Laune. Der Unterschied ist ein wirklich richtig großer und spürbarer. Probiere es gerne einfach mal aus: Spiel mit den hier gegebenen Denkanstößen herum, lasse sie sich in dir entfalten und wirken, und dann schau einfach selbst, was in und mit dir passiert.

Du kannst dir nicht vorstellen, wie du durch simple Veränderungen deiner Sichtweisen dein ganzes Leben verändern kannst? Nichts weiter ist dazu nötig, als dich einfach gelassen der Möglichkeit zu öffnen, dass es zwischen Himmel und Erde Dinge gibt, die du dir nicht erträumen könntest. Dass es eine Welt gibt, in der du von Herzen gern leben würdest. Auch wenn du sie dir nicht vorstellen kannst. Du kannst sie aber durchaus erleben. Und sie ist durchaus erlebens*wert*! Und der Tod spielt in dieser Welt keine übergeordnete Rolle mehr. Vor allem keine beängstigende.

Der Tod ist und bleibt, was er ist: Das Gegenteil der Geburt. Und nicht, wie so oft fälschlicherweise nachgeplappert, das Gegenteil des Lebens. Diese Weisheit haben wir wieder der gnadenlosen Schule der eVamps zu verdanken. Ihnen dient, dass wir diese Angst haben, vor allem, wenn sie uns Hilfe bei der Lösung unserer Probleme anbieten. Probleme, von denen wir die meisten ohne sie überhaupt nicht hätten.

Der Tod ist, wie die Geburt, ein durchlaufender Posten, ein Ereignis, an dem kein hier Geborener vorbeikommt. Er gehört zum Spiel einfach dazu. Sonst könnte er keine so unumstößliche Spielregel sein. So unumgänglich. Das bedeutet aber nicht, dass man die Angst vor ihm nicht in den Griff bekommen könnte, und auch nicht, dass er innerhalb anderer Spiele auch nur ansatzweise dieselbe Rolle spielen würde.

Wie bereits erwähnt, bleibt es völlig uns selbst überlassen, welches Spiel wir zu unserem eigenen machen. Indem wir eben selbst die Regeln definieren, nach denen wir leben. Jeder für sich. Und das einfach jeden anderen auch machen lassen, ohne Angst davor zu haben, dass dieses Vertrauen eine für uns tödliche

Gefahr bedeuten würde. Wie viel mehr Gefahr kann uns schon noch drohen, nachdem sich der ganze Planet Erde in ein heilloses Gegeneinander hat bewegen lassen? Einen Zustand, der mehr mit Energievampirismus zu tun hat, als irgendetwas anderes. Spaltung ist und bleibt die Königsdisziplin sämtlicher Kontrollbestrebungen der eVamps. Und sie haben ganze Arbeit geleistet.

Arbeit, in der wir sie übrigens tatkräftig unterstützen, indem wir genau dieses Spiel mitspielen und uns nach allen Regeln der Kunst spalten lassen [42]. Indem wir...
- ✓ Nachbarn verpfeifen.
- ✓ Leute mit anderer Meinung wie Gegner oder Feinde behandeln.
- ✓ Gehorsam leisten und allein deswegen von anderen erwarten, dass sie das auch tun.
- ✓ Uns für etwas Besseres als andere halten.
- ✓ Hetzen, spotten, beschuldigen, mobben, uns übereinander erheben, streiten, im Notfall erschießen.
- ✓ Angst haben! Vor allem nur möglichen!

All das oben genannte[43] kommt genauso wenig aus unseren ideenreichen Köpfen, wie es uns dienlich ist, es zu praktizieren! Jede dieser Tätigkeiten ist eine von

---

[42] Dadurch sind wir eben sehr leicht durch andere zu beherrschen.
[43] Und vieles mehr, das bei vielen von uns zumindest zum Teil auf der Liste täglicher Selbstverständlichkeiten zu finden ist.

eVamps ersonnene Spielstrategie, die man anwenden kann, oder eben nicht. Aber sie haben, wie gesagt, gute Arbeit geleistet, uns davon zu überzeugen, dass es nicht nur natürlich sei, sich so zu verhalten, sondern einem Menschen unwürdig, es nicht zu tun!

„Die Menschheit ist eben so!" Für wie viele ist das ein unumstößlicher Fakt. Ich selbst habe das sehr lange so gesehen und vertreten. Bis ich eines durchaus Besseren belehrt wurde. Doch das bedurfte meiner ganz eigenen Erlebnisabfolge, durch die ich dann gewisse Zusammenhänge sehen konnte, die zum Verständnis sehr beitrugen. Nämlich zum Verständnis darüber, dass der oben so leichtfertig zitierte und weit verbreitete Satz nicht nur eine aalglatte Lüge ist. Vielmehr verzerrt er die Realität auf eine Weise, durch die es möglich wird, uns zu verkaufen, es sei sinnvoll, uns im Rahmen von Kriegen und Kleinkriegen an die Kehlen zu gehen und uns gegenseitig zu erschießen. Diese Lüge in Verbindung mit der Angst vor dem Tod, wie wir ihn fürchten gelernt haben, ermöglicht eine so real erscheinende Realität, dass wir glauben, es gäbe nichts anderes. Und so sind wir sehr gefügig und gehorsam und stehen so in der Warteschlange auf den Tod. Während das Leben an uns vorbeirauscht und mit jeder Sekunde unsere Lebenszeit verstreicht.

Der Tod gehört zu dem Leben, wie wir es kennen gelernt haben einfach dazu. Dienlich ist, das zu erkennen und es einfach als ein kosmisches Gesetz anzuerkennen und zu akzeptieren. Das wiederum hilft nämlich immens dabei, uns daran zu erinnern, dass dieses unvermeidliche Ereignis in unserem Leben jederzeit, jeden Moment, wie ein Damoklesschwert über unseren Köpfen kreist. Aus irgendwelchen Gründen denken wir, wir hätten Zeit. Unendlich Zeit. So gehen wir zumindest mit dieser eben durch den Tod sehr begrenzten Ressource um.

Tag für Tag tun wir in blindem Gehorsam oder auch unter Protest und zähneknirschend irgendwelche Dinge, die uns das Gefühl vermitteln, *irgendwann* mal etwas davon zu haben! Der blanke Irrsinn, wenn man sich daran erinnert, dass *morgen* mein Stündlein geschlagen haben könnte.

Für mich ist die beste Form von *Altersvorsorge* geworden, die Zukunft in der Gegenwart einfach mal zu vergessen oder als das zu erkennen, was sie ist: Unsere Vorstellung davon, wohin die Gegenwart sich entwickeln kann und das entweder hoffentlich tut oder nicht tut. Eine Vorstellung, die derweil abhängig ist von der Summe unserer Erinnerungen. Weil man sich nur etwas vorstellen kann, was man kennt, also irgendwann einmal kennengelernt *hat*. Demnach auf unserer persönlichen Wahrnehmung der von uns selbst[44]

---

[44] Nur von uns selbst und von niemand anderem.

erlebten Vergangenheit basiert. Die Zukunft ist nichts weiter als eine Idee!

Warum ist das für mich die beste Altersvorsorge?
Zum einen, weil ich doch überhaupt gar nicht weiß, auf was genau ich mich gegenwärtig vorbereiten soll, wenn ich mir darüber klargeworden bin, dass das, was ich bisher als Zukunft gesehen habe nichts weiter als ein Hirngespinst voller Ängste und Hoffnungen ist.[45] Zum anderen gibt mir das die Möglichkeit, diesen Moment als die einzig real existierende Zeit[46] zu erkennen. In diesem Buch geht es vor allem darum, sich zu erinnern, wie man diesen Moment wieder selbst zu beherrschen lernt. Lenken tun wir ihn in schlafwandlerischer Sicherheit. Nur eben nach mitunter sehr fragwürdigen Vorgaben und Mustern. Eben so, wie man es uns gelehrt hat.

Wenn ich lerne diesen Moment zu beherrschen[47], dann hat das logischerweise zur Folge, dass künftig nichts mehr passieren kann, das ich nicht irgendwie handhaben könnte. Durch dieses Wissen kann ich mich noch beruhigter auf diesen Moment einlassen, ohne

---

[45] Übrigens eine eVamp-Erfindung, man erkennt es an der Handschrift.
[46] Oder *Raumzeit* genau genommen, endlos und ewig.
[47] Das ist keine Theorie, das verwandelt sich ab dem Tag, in erlebte Praxis, an dem man ernsthaft damit beginnt, es zu beherrschen. Mit großem Interesse nach kurzer Zeit bereits immer deutlicher wahrnehmbar.

Angst vor irgendeiner Zukunft haben zu müssen. Egal ob morgen oder in fünfzig Jahren. Je besser ich den Moment zu beherrschen lerne[48], desto weniger Angst brauche ich davor zu haben, dass ich das im Alter nicht mehr so gut könne. Das ist eine geistige Aufgabe, darin bleibt man bis ins hohe Alter trainiert und wird selbst dann noch immer besser darin. Das ist simple Logik.

Meine Altersvorsorge besteht also darin, mich zu jedweder Zeit um mich selbst kümmern zu können. Und darin, es irgendwann *nicht* mehr zu können, meine Zeichen dafür sehen zu können, dass sich meine Zeit langsam dem Ende nähert. Dann werde ich dieses Leben mit derselben Freude verlassen, mit der ich es bis dahin gelebt habe. Denn eine andere Freude als diese habe ich nicht! Und auch die Freude ist etwas, das gut trainiert oder sehr vernachlässigt sein kann. Spür in dich hinein, bei wie viel Prozent du deine Freude selbst einschätzen würdest.

All diese Dinge sind zwar nicht materiell, haben aber Bestand in unserem Leben. Und als solche haben sie alle etwas gemeinsam: sie sind wie Muskeln, die sich auch bei jedem Einzelnen von uns absolut gemäß unserer Bewegungsgewohnheiten anpassen. So ist für

---

[48] Oder besser: mich daran erinnere, dass ich ihn naturgegeben beherrsche, das ab hier und jetzt in eigenem Interesse mache und nicht länger so, wie man das von mir gegebenenfalls mit Gewalt fordert.

Muskelkater gesorgt, wenn man beginnt, sich für eine Weile außerhalb dieser Bewegungsgewohnheiten zu bewegen. Es sind *Fähigkeiten*, die diese Gemeinsamkeiten vorweisen. Die Fähigkeit, sich physisch zu bewegen genauso wie die, sich als multidimensional wahrnehmendes Wesen zu erleben, zu lieben, zu respektieren, zu hassen, zu neiden, und so unendlich viele andere. Was denkst du, was für ein Potenzial da verborgen liegt? Bei dir genauso wie bei allen anderen, die sich täglich davon abhalten lassen, diese Bereiche zu erforschen, und zu trainieren, was ihren Talenten entspricht und sich dabei frei zu entfalten.

Die sich sogar sehr leicht davon abhalten lassen. Weil sie von der Wahl, die Zeit selbstgestaltet zu verbringen, gar nichts wissen. Weil dieses mit dem eVirus verseuchte System von Geburt an *alles* nur erdenklich Mögliche dafür tut, damit wir von genau dieser Wahl niemals etwas erfahren. Nicht einmal eine Ahnung von ihr bekommen. Denn würden wir uns ihrer bewusst, ist sehr wahrscheinlich, dass wir sie nicht im Sinn der eVamps treffen würden. Sprich uns nicht weiter von ihnen ins Steuer pfuschen lassen.
Wer würde da noch gehorchen?
Wer hätte da noch Angst vor dem Tod?

Kapitel 12: Energetische Kompatibilität

Ich möchte dieses Kapitel gerne mit ein paar Worten von **Gunnar Kaiser**[49] einleiten, die er jüngst auf seinem YouTube-Kanal[50] gepostet hat.

„In der Politik sitzt ein hoher Prozentsatz an Menschen mit narzisstischer Persönlichkeitsstörung, da sich eben Menschen mit dieser Persönlichkeitsstruktur von Geld und Macht angezogen fühlen und oft in die Politik gehen. Diese Menschen sind oft weitestgehend empathielos und gehen über Leichen.

Einige Methoden von Narzissten sind folgende: Die Isolation des Opfers, Trennung von der Herde[51], die Kontrollsucht, die Entwertung des Opfers, emotionale Erpressung à la „Du bist schuld, wenn anderen etwas passiert", unerfüllbare Erwartungshaltungen an das Opfer zu stellen[52], Regeln permanent zu ändern, um das Opfer geistig mürbe zu machen und seinen Willen zu brechen.
Das Verhalten von Narzissten ist allerdings immer parasitär. Die brauchen ihre Opfer, die Opfer brauchen aber die Narzissten nicht. Auch das Schaffen von

---

[49] Philosoph, Autor, Journalist und YouTuber
[50] Bitte abonnieren!
Video: „Raus aus der Ohnmacht" wird hier zitiert
[51] Bsp.: Kontaktbeschränkungen
[52] Bsp.:„Zero Covid"

künstlichen Problemen, damit der andere einen „braucht", ist eben typisch für Narzissten.

Durch all diese Konflikte ist man ständig gedanklich bei dem Täter, mit dem Täter beschäftigt, entfernt sich daher immer weiter von sich selbst. Muss immer gucken, was man tun kann, um dem Täter zu gehorchen. Diese gedankliche Beschäftigung mit dem Täter ist für diesen eine Energiezufuhr. Von dieser Aufmerksamkeit lebt er.

Die narzisstischen Täter nehmen sich oft selber das Recht heraus, sich über die Gesetze hinwegzusetzen. Für sie gelten die Gesetze nicht. Davon sind sie der festen Überzeugung, nämlich etwas Besseres zu sein und dass die Gesetze die für ihre Opfer gelten für sie selber nicht gelten. Der Täter hält auch sein Opfer in einem permanenten Zustand der Unsicherheit, was als nächstes passieren wird. Wann er es belohnen wird. Wann er es frei geben wird.

Weitere Stichpunkte sind die Verzerrung der Wahrnehmung durch Gaslighting, double bind: man soll sich an Regel A und an Regel B halten, die sich aber gegenseitig widersprechen.

Warum flehen, vernünftige Gespräche mit der Bitte um Einsicht nichts bringen: Narzissten haben keine Schuldeinsicht und würden sich niemals entschuldigen oder eben ihren Kurs ändern. Das können sie einfach nicht. Narzissten werden NIEMALS aufhören! Das heißt auch, wir, die Opfer, müssen das beenden. Die Politiker werden es nicht tun.

Das heißt „No Contact" ist die wichtigste Regel. „No Contact" als einziger, schnellster und bester Ausweg."

Natürlich passte das absolut zu unserem Thema hier, und es zeigt erneut auf, wie eVamps arbeiten. Was mir an der Stelle aber sehr wertvoll zu erklären erscheint, ist die Tatsache, dass solche Spielchen ausschließlich mit Opfern funktionieren, die energetisch *kompatibel* sind. Kompatibilität ist wesentlich, wenn es darum geht, dass etwas funktioniert. In diesem Fall der eVirus. Vielleicht hilft dem einen oder anderen, das zu wissen. Wenn man sich nämlich darüber bewusst wird, dass man ein Opfer eines oder mehrerer eVamps ist, und erst einmal sonst nicht weiß, was man dagegen tun kann, kann es durchaus helfen, sich die eigene Kompatibilität vor Augen zu führen. Wo mache ich exakt das, was von mir erwartet wird? Genau *da* bin ich kompatibel!

Diese Kompatibilität ist nichts in Stein gemeißeltes. Es ist lediglich ein energetischer Zustand, den wir einnehmen können. Oder eben nicht. Es gibt viele Wege, in diesen Zustand zu geraten, und wahrscheinlich gibt es genau so viele, wieder herauszukommen. Doch es gibt einen, der es sehr leicht macht: Indem ich mir all das bewusst mache, und meinem gesunden Stolz erlaube, sich in mir breit zu machen, ändere ich automatisch meine Energie. Dann bin ich zu einem Teil schon nicht mehr energetisch kompatibel. Lasse ich das einfach noch ein wenig weiter in mir wirken, werden sich auch meine Verhaltensweisen ändern, und dann bin ich es im Ganzen nicht mehr.

Mit anderen Worten: Höre ich auf zu gehorchen, hat kein eVamp mehr eine Chance, sein Spiel mit mir zu treiben und mich auszusaugen.

Kapitel 13: Zusätzliche Inspirationen

Ich setze dieses Kapitel aus ein paar Blogartikeln aus meiner eigenen Feder zusammen, die ich im Blog der *www.flowtology.net* gepostet habe. Sie sollen einfach dabei helfen, hier gewonnene Einsichten zu untermauern und mit der Immunisierung in die Umsetzung zu treten. Viel Spaß beim und vielen Dank fürs Lesen. Ich freue mich über Feedback und Eure Gedanken. Dieses Buch ist eine Zusammenfassung dessen, was ich herausgefunden habe. Ich erhebe nicht den Anspruch darauf, dass ich alles gefunden habe, also fühle sich jeder herzlich eingeladen, selbst weiter zu beobachten.

Der Strick um unseren Hals...

Seid ihr wirklich *sicher*, dass ihr im Gehorsam gegenüber Politikern *nicht* eure Zukunft und die eurer Kinder *verspielt*?
Weil wenn nicht... wenn ihr nicht 100%ig sicher seid, dann solltet ihr nochmal gründlich überdenken, ob ihr diese Dinge, die die Politik in diesen Tagen vorschreibt, wirklich umsetzt!
Stellt Euch die Frage, ob die Politiker *wirklich* kein anderes Interesse verfolgen als *euer* Wohlergehen.

Ich erinnere daran, dass Deutschland weltweite Nummer 4(!) im Waffenverkauf ist! Natürlich nicht an die eigene Armee, sondern vor allem im Export! Und ich erinnere daran, dass jeder durch seine Steuern ans Finanzamt genau diese Industrie, dieses *Geschäft* mit dem Menschenleben anderer [53], mitfinanziert.

Wer sich sicher ist, sollte sich schnellstmöglich impfen lassen. Wer nicht zu hundert Prozent sicher ist, sollte genau das *definitiv* sein lassen! Es sieht alles nach Kleinigkeiten aus:
Mundschutz hier, Tests da, Impfung, Denunzierung, etc. pp. Doch all das zusammen zieht den Strick um unser *aller* Hals immer enger zusammen.

Es wird langsam *sowas* von Zeit, dass wir unsere Leben wieder *selbst* in die Hand nehmen. *Wir* sind Menschen. Wir können das alles hinter uns bringen. Die Politiker sind machtgetriebene Marionetten, die können *gar nichts*. Die würden auch nie in Kriege ziehen. Dafür tun sie alles dafür, dass *wir* in den Krieg ziehen. Und sei es nur gegen den Nachbarn, der gerade zwei Besucher auf einmal hatte, ohne Mundschutz herumläuft oder seinen Laden wieder aufmacht, weil er sonst seine Familie nicht ernähren kann.

Kriege finden heute offensichtlich um einiges subtiler statt als früher. Sieht nur keiner, der denkt, Krieg wäre

---

[53] Krieg eben

erst, wenn Bomben und Maschinengewehrsalven um unsere Ohren fliegen.

Ecce Homo! Mensch, pass bloß auf... Deine Existenz steht auf dem Spiel. Statt gegen deinen Nachbarn zu hetzen, solltest du dich vielleicht auch dann besser mit ihm verbünden, wenn du ihn doof findest. Er könnte genau der sein, der irgendwann dein Leben rettet oder dir irgendwie aus der Not hilft. Verkack dir das nicht...

Der Strick um unseren Hals zieht sich allein durch unseren Gehorsam immer weiter zu, durch unsere Hörigkeit irgendwelchen Autoritäten gegenüber, die wir nur anerkennen, weil man uns vorspielt, wir hätten durch Wahlen irgendein Mitspracherecht. Nur weil man uns unser ganzes Leben darauf konditioniert hat, Politiker oder andere externe Autoritäten zu *brauchen*. In Wirklichkeit ist das alles einfach ein Schachzug der Herrschenden, die ihre Macht nicht verlieren wollen. Es ist eine *LÜGE*.

Wir sollten aufhören, uns weiter verarschen zu lassen. Ich meine... Hey, wer drauf steht, soll es machen, sich dabei aber bewusst sein, dass er diese Entscheidung nicht nur für sich selbst trifft. Hier geht es nicht um irgendeinen Kerker in einem SM-Club! Hier geht es um ein ganzes Land unter vielen. Und Milliarden betroffener Menschen. Vor allem Kinder. Denn die müssen ausbaden, was wir "Großen" so machen.

Mitunter mehr als wir selbst. Darüber sollte man langsam wirklich mal nachdenken.

Ja, wir sitzen gerade auf Messers Schneide. Aber *noch* können wir was tun, und den Gehorsam verweigern! Doch das Zeitfenster schließt sich. Tun wir nichts, haben wir nichts anderes verdient als das totalitäre 1984-System, das nach Klaus Schwabs "Covid-19 - The Great Reset" gerade minutiös installiert wird. Dann sind wir eben doch nicht schlauer als Affen im Käfig.

Wie die WILDEN

Kennste noch?
Die "Wilden"?
Die Ungestümen, die Unabhängigen, die nicht zu Bändigenden. Was hat man uns nicht alles erzählt, um uns von ihnen zu trennen?!

Aus unseren Wahrnehmungen alles zu löschen, das uns daran erinnern könnte, einer von ihnen zu sein.

Naserümpfend sprach man von ihnen, und es wurden schnell die Ungepflegten, Primitiven, die nicht Zivilisierten aus ihnen. Und dann so aus uns die Zivilisierten.

Und an dieser Stelle meines Lebens möchte ich die Frage stellen, ob ich das überhaupt noch sein will: Zivilisiert.

Wohin ich schaue, zeigt die Zivilisation, was sie ist: Vollständige Entfernung von allem Natürlichen. Sie erhebt sich aus der Natur und über sie hinaus, in ihrer gesamten Gestalt, ihrem Verhalten, ihrer Wirkung auf alles um sich herum. Sie heuchelt und meuchelt und betört und zerstört alles, was nicht niet- und nagelfest ist. Im Rahmen ihrer inszenierten Selbsterhaltung geht sie in völliger Ignoranz auf, vergisst wo sie herkommt und sich selbst darüber hinaus. Wie dem gesamten Organismus ist jeder Zelle dieser Zivilisation völlig abhanden gekommen, worum es im Leben geht. Und in ihrer Unfähigkeit zu leben, stirbt die Zivilisation, denn das passiert, wenn man sich gegen das Leben stellt. Und es ist immer nur eine Frage der Zeit, und wie viel es an Leben kostet.

Und an genau der Stelle treffe ich mich selbst, der mich fragt, was für einen Sinn das alles überhaupt haben soll! Warum soll ich Teil eines Systems sein wollen, das nichts weiter tut, als ein paar wenigen zu dienen, die das dann aber nicht mal wertzuschätzen wissen, sondern stattdessen nicht das geringste Problem haben, diesen Müllhaufen zu errichten und ihn dann sich selbst zu überlassen.

Verwundert schauen wir uns an, ich und ich, und wissen nicht, ob wir lachen oder weinen möchten. Zumute ist uns gerade nach beidem.

Doch wir sehen in unseren Augen, wonach uns wirklich ist. Wir wollen *LEBEN*. Frei sein wie Vögel und der Wind, wollen spielen und lernen, wie wir einfach wieder ein glückliches Leben mit allen um uns herum führen können. Was ist nur aus uns geworden? Was machen wir hier?

Ich will wieder WILD sein!
In mir staut sich ein Schrei, der aus mir herauswill. Ein Ausdruck schierer Lebensfreude, wie ich ihn schon lange nicht mehr herausgeschrien habe. Als Kind kannte ich das noch. Bis man mir sagte, ich sei langsam zu alt für solch ein Verhalten und ich solle langsam mal seriös sein. Mich zivilisiert benehmen, *BITTE*! So, wie die anderen. Egal, ob ich das verstehen kann oder nicht. Man hinterfragt nicht das Verhalten anderer, sondern man kopiert, was alle tun. Hinterfragt wird nicht das Normale, sondern das Außergewöhnliche. Und zwar bitte möglichst kritisch und naserümpfend.

Ich will wieder WILD sein!
So wie meine Vorfahren es gewesen sein mussten, wenn das bis heute über sie erzählt wird. Die "Barbaren", die sich einfach nicht einreihen lassen wollten. Mit ihren langen Haaren und Bärten und ihren

wunderschönen wohlgeformten Weibern! Die gesungen haben und gelacht, gelebt und gefeiert, weil sie noch wussten, wie das geht!

Wir wissen jetzt schon kaum noch, wie es geht, verlieren uns allzu leicht im Exzess, und jetzt soll das feiern auch noch verboten werden! Ein Hoch auf die Zivilisation, möchte man kotzen.

Das Feiern wird verboten, das Gesellige wird verboten, einer der zivilisiertesten Begriffe unserer Zeit ist "Social Distancing". Was kommt als nächstes? Solidarischer Suizid?

In einer Welt der oberen Gesichtshälften gehe ich heute in den Rasier-Streik!

Ich höre nicht auf mich zu pflegen, aber mein Bart wird wachsen, bis wir das Leben *endlich* wieder feiern dürfen! Und mir drückt sich auf, dass das etwas sein wird, das *WIR* uns erlauben müssen, denn je mehr diese Verbote zur neuen Normalität werden, desto weniger ist zu erwarten, dass die Zivilisation es erlauben wird!

Ich will wieder WILD sein!
Mich meiner Ahnen erinnern und des Blutes, das in mir fließt. Mir nicht von einer Zivilisation mein Erbe nehmen lassen, welches ich gerne irgendwann behütet meinen Kindern weitergeben würde. Ist es nicht

abscheulich, was wir heutzutage unter "Erbe" verstehen??

Mein Erbe ist eine tiefe Naturverbundenheit, ein *Eins-mit-allem*-Zustand, in dem man leben könnte, wenn man sich denn wenigstens noch riechen könnte! Wir haben so gelernt, dieses Erbe mit Parfüms zu übertünchen, es mit Betonfassaden aus unserer Sicht zu verbannen und mit einem ohrenbetäubenden Lärm zu bedecken. Wer es kennt, weiß, wie *laut* Vogelgezwitscher, Bienensummen, Grillenzirpen, Spechthämmern, Brandungstosen und dieser ganze andere Naturkrach sind. Wir schaffen es spielerisch, es zu übertönen! Und kaum jemand schafft es noch, zu lauschen. Keine Zeit. Keine Ruhe.

Und was wir heute "Nahrung" nennen,... naja, da brauch ich hier jetzt wohl nicht mehr viel zu zu sagen.

Wann hast Du das letze Mal etwas gegessen oder getrunken, das deine Sinne betört, deine *Aufmerksamkeit* völlig auf sich gezogen, dich in *Demut* getaucht und mit *Dankbarkeit* durchflutet hat? Wann hast du das letzte Mal Nahrung als etwas heiliges empfunden, für das man sehr wohl mal *DANKE* sagen darf?

Ich will wieder WILD sein!

Diese Zivilisation ist es, die mir die Kehle zuschnürt, mir die Tränen in die Augen treibt und mich ohnmächtig werden lässt. Und genau deswegen will ich wieder WILD sein, *frei* und *glücklich* mit allen anderen. Weil ich es ohne diese Geißel wäre!

Und es liegt an mir, zu entscheiden, ob ich an dieser Stelle meines Lebens mich völlig dem Zivilisationswahn hingebe und einfach weitermache, wie man es von mir will.

O D E R
E B E N
N I C H T !

Gurus, erinnert euch: Ihr wart mal WILDE!
Voller Empathie, Liebe, Respekt und Stolz.
Und überschäumend vor Lust am Leben.

Vielleicht sollten wir dieser Seite in uns mal wieder ein wenig mehr Ausdruck verleihen, bevor sie ganz begraben ist unter dem Müll der Zivilisation.
Ich ziehe meinen Friedensfinger und *lebe Wohl*!

Anhang

Weitere Inspirationen aus meinem Kopf in Eure findet ihr auf meiner Webseite **www.lest2020.de**.

Da ich von Zentralisierung nicht viel halte (zu viel Macht über zu viele an zu wenige), bin ich auch in den großen gängigen Netzwerken wie Facebook oder Instagram nicht mehr sehr aktiv (wenn derzeit überhaupt noch).
Ich denke, wir sind besser in kleinen Netzwerken aufgehoben, in denen wir uns interessenbasiert zusammenfinden und austauschen können. In diesem Sinne habe ich die „Flowtology" gegründet, eine exorbitant obsolete Sekte, deren virtueller Tempel unter **www.flowtology.net** zu finden ist. Hier geht es vor allem um eigenständiges Leben, und jeder ist willkommen, sich als Guru von sich selbst und niemand anderem zu uns zu gesellen. (Achtung, eVamp-freie Zone. eVirus-Spielchen werden hier nicht mitgespielt, und wer bei uns sowas sucht, dem wird freundlich wieder vor die Tore geholfen.)

Weitere kleine Netzwerke und sehr viel mehr Inspiration findet Ihr bei Interesse auch unter **www.theworldbecomes.one**, einem prosperierenden Netzwerkvernetzungsnetzwerk. Hier gibt es so tolle Dinge wie die TWBO-Online-Kongresse, das Walnuss-

Blatt (Magazin), die TWBO-Podcasts, und vieles mehr. Vor allem findet ihr hier weitere interessenspezifische Netzwerke.

Ein weiteres dieser Netzwerke ist OFMUN, die Organisation für Mensch und Natur. Hier werden Dinge möglich gemacht und in die Tat umgesetzt. Wer bereits so weit ist, komplett aus dem System der eVamps auszusteigen, findet hier Menschen, die genau damit beschäftigt sind. OFMUN ist ein eingetragener Verein samt einer Stiftung, die ermöglicht, uns unseren Planeten zurückzuerobern. Friedlich natürlich, und im Einklang mit der Natur. Mehr Info unter **www.ofmun.org**.

Dann möchte ich zum Ende nochmal ein paar meiner derzeitigen Lieblings-YouTuber vorstellen (einfach die fettgedruckten Worte und Namen bei YT eingeben):

Da ist die **Meike Büttner**, die unbezahlbare Videos auf ihrem Kanal „**BÄMM**" veröffentlicht. Achtung, Trigger-Gefahr, aber wer sich traut, findet hier Exkursionen in die tiefsten Abgründe des menschlich Möglichen.
Bittere, aber wirksame Medizin gegen den eVirus!

Dann ist da der **Gunnar Kaiser**, Philosoph, Autor, Lehrer, Youtuber. In seinen Gedanken darf man getrost

baden, auch er beschäftigt sich mit Souveränität. Ebenso wirksame Medizin gegen den eVirus.
Wunderbare Vorträge am laufenden Band bietet der Schweizer Historiker **Daniele Ganser**. In sehr verständlicher Sprache zerpflückt er gesellschaftliche Ungereimtheiten, bewirbt das Gewaltverbot der UNO und erinnert an die Existenz der Menschheitsfamilie.

Und dann ist da natürlich noch der **Wautscher**, den ich hier nicht vergessen möchte, auch wenn er „nur" ein Gamer ist, und auf YouTube Spiele zockt. Genau das tut er aber explizit entschleunigt, und es hilft mir immer wieder beim entspannen, ihn und seine Alter-Egos „Alderle" und „Nameless" auf ihren virtuellen Ausflügen zu begleiten.

Schlussendlich die für mich seit Jahren übliche Liste der Verdächtigen (Lieferanten gesunden Hirnfutters), Namen, die ich in voller Dankbarkeit weitergebe. Die Vorträge dieser Leute haben mir in den letzten Jahren sehr dabei geholfen, Klarheit in mein Leben zu bekommen:

André Stern („Ich war nie in der Schule")
Gerald Hüther, Hirnforscher
Vera F. Birkenbihl („Viren des Geistes")
Gregg Braden („Die Göttliche Matrix")
Bruce Lipton („Der Geist ist stärker als die Gene")
Axel Burkhart ("Zukunft Mensch")

Ich freue mich über jeden meiner Kontakte, der plötzlich beginnt, auch Videos zu machen und auszusprechen, was uns wirklich interessiert und bewegt.

Ich erinnere hier gern nochmal an die Passage mit dem „Großen Murmeln" aus meinem Buch „2020 – Die Neue Erde", das genau dadurch entstand, dass eine ausreichende Menge Menschen damit angefangen hatte, genau das zu tun: Frei und laut zu denken. Und unsere Bildschirme (Hirnfutterschale) mit unseren eigenen Gedanken zu füllen. Mit dem, was uns wirklich interessiert. Gedankengut, mit dem unsere Hirnchen zu füttern uns die eVamps bisher explizit verboten haben. Laut auszusprechen sind nur die Gedanken erlaubt, die man auch im Fernsehen hört. Alles andere zerstört ihr akribisch aufgebautes Ausbeutungs-system.

Sei gern ein Teil dieses Phänomens, und fühle dich eingeladen, zu denken, womit du selbst dich am wohlsten fühlen kannst. Stehe zu diesen Gedanken, und erlaube dir jederzeit sie zu ändern. Und dann stehe zu dem, was du dann denkst. Niemand schafft es, sein Leben lang immer nur das Selbe zu denken, jeder ändert hier und da seine Meinung. Lernende Menschen sogar sehr häufig. Starke Menschen zusätzlich problemlos. Und genauso problemlos stehen sie dazu. Weil sie einfach für sich kein Problem daraus machen, ihre Meinung durchaus nach Belieben zu ändern. Eben weil es etwas völlig Normales ist.

Das zu verstehen, hat mir sehr geholfen, mir Dinge vor allem holistisch anzusehen, sprich: aus allen sich nur bietenden Perspektiven. *So* bekommt man nämlich Überblick. Nicht durch das Verharren einer einzigen Perspektive, die man dann anderen schmackhaft machen möchte, damit man seine Bestätigung findet. Notfalls mit Gewalt. Weil, wer keine Bestätigung bekommt, fühlt sich ja irgendwie falsch und müsste das angeblich Unmögliche tun und tatsächlich seine Perspektive, und damit seine Meinung ändern.

Ob ich nun von oben schaue und eine Neun sehe oder von unten und eine Sechs, die Wahrheit liegt da, wo sich beides vereint: in einem beobachtbaren Objekt, das von einer Seite betrachtet aussieht, wie eine Sechs, und von der anderen wie eine Neun.

Es hilft uns sehr, uns wieder aus der Idee von Trennung zu lösen, die der eVirus in uns hineinzementiert hat. Alles hängt irgendwie miteinander zusammen. Ob wir das nun gerade sehen oder nicht. Aber es ist töricht zu glauben, die Wahrheit zu verbreiten, wenn man eine Sichtweise vertritt, die nur einen Teil des Ganzen wiederspiegelt. Das gehört alles zum Werk der eVamps, und wir sollten eine natürliche Abscheu gegen solches Verhalten entwickeln. Es sollte etwas werden, das als genau so behindernd angesehen wird, wie es ist. Und es kommt tatsächlich einer Behinderung nahe, nämlich Blindheit, wenn man nur ein Bisschen sieht, und allem, was andere dazu beitragen können einen Riegel vorschiebt. Im Ernst, wie blöd muss man sein, um so etwas zu tun? Wie dumm ist es, andere Sichtweisen zu verteufeln, bloß, weil man gelehrt bekommen hat man müsse Recht haben, wenn man stattdessen sein Bewusstsein völlig ohne Drogen durch simples Zuhören und Ernstnehmen des Gegenübers (Respekt) erweitern kann.

Und deswegen trau bitte auch Du Dich spätestens ab hier, zu Dir und Deinen momentanen Sichtweisen zu stehen. Teile sie, biete sie zur Ansicht für andere an, aber dränge sie keinem auf. Nicht jeder ist gerade offen fürs Lernen. Das macht nichts. Sie werden nicht darum herumkommen, es zu ihrer ganz eigenen Zeit auch zu verstehen. Aber das liegt einfach nicht in Deinem Einflussbereich. Akzeptiere das einfach. Nur eVamps denken, man dürfe oder müsse andere manipulieren.

Mach dabei gern Gebrauch von einer Webcam. Denn bei allem negativen Feedback, das kommt, wirst du so die Leute finden, die ähnlich Denken wie du, und genau hier wirst du etwas viel Schöneres als Bestätigung finden. Nämlich Akzeptanz und Toleranz. Hier wirst du dich wohl und willkommen fühlen können, und zwar genau so, wie du bist. Und zwar, WEIL du so bist, und nicht obwohl (oder so etwas). Nutze die Möglichkeiten, die diese Zeit uns gibt. Andere haben wir nicht. Dafür nutzen andere sie sehr gekonnt und nachhaltig gegen ihre Opfer.

Es wird Zeit, uns diese Pest vom Hals zu schaffen, und die Erde wieder zu einer *eVamp-freien Zone* werden zu lassen. Indem wir uns immunisieren. Indem wir unsere *eigenen* Leben leben. Und unseren eigenen Träumen folgen. Nicht in Konkurrenz und im Gegeneinander, sondern miteinander und mit wahrer Begeisterung und Lebensfreude. Diese Welt ist nur ein einziges Wort weit entfernt: **GEHORSAM**.
Tust du noch, was man dir sagt, oder lebst du schon dein eigenes Leben?

**unser Zeichen für
#eVampfreieZone!**

Ich lasse hier ein paar Seiten frei.
Wenn Dir dieses Buch geholfen hat, magst du es vielleicht jemandem geben, dem es auch helfen könnte. Solltest Du selbst noch Gedanken zum Thema haben, kannst Du sie hier vermerken.

**DANKE fürs Lesen und Teilen.
Für ein Leben ohne eVirus!**